KB236492

경청

경청

조신영 · 박현찬 지음

위즈덤하우스

4악장 :: 피날레 *Finale* 상생

앙코르 *Encore*

전주곡

선택의 문제

스스로를 위로하며 불안한 마음을 속으로 밀어 넣었다.
회의실에 감도는 냉랭한 공기 때문에 늦여름의 더위 따위는
아무도 의식하지 못할 정도였다.

늦더위가 기승을 부리고, 소나기를 한바탕 퍼부을 것 같은 하늘은 며칠째 뜸을 들이고 있었다. 밤잠을 설친 이토벤이 새벽녘에 눈을 떴을 때, 마치 꿈 속에서 허공을 떠다니듯 천장이 흔들렸다. 침대에서 발을 내딛는 순간 방이 꿈틀거리며 움직였다. 심하게 어지러웠다. 귀도 먹먹한 느낌이 들었다. 그리고 보니 편도선도 잔뜩 부은 것 같았다.

'감기인가? 일년에 한두 차례 찾아오는 몸살이 벼락같이 시작된 것일까?' 그러나 이번에는 느낌이 좀 달랐다.

이토벤은 두통약을 입에 털어 넣고 다시 침대 속으로 파고들었

다. 얼마를 더 잤을까? 환한 빛이 쏟아지고 있었다. 습관적으로 휴대폰을 눌렀다. 액정화면은 어느새 9시가 훨씬 지나 있었다. 벌떡 일어나야 하는데 몸은 여전히 침대를 벗어나지 못하고 있었다. 휴대폰에 저장된 번호를 눌렀다.

"차장님. 제가 몸살이 심해서 오늘은 도저히 출근하기 어려울 것 같습니다. 죄송합니다."

잠시 후 까칠하기로 소문난 홍보팀 차장의 목소리가 전화선을 타고 들려왔다. 그런데 웬일인지 정확하게 알아들을 수가 없었다. 이토벤은 전화기를 왼쪽 귀로 옮겼다. 다행히도 차장의 목소리는 전에 없이 부드러웠다.

"자기 몸이 제일이야, 잘 추스르고 출근하라고. 여기 일은 내가 알아서 처리할 테니까."

이토벤은 전화를 끊고 그대로 침대에 엎어졌다.

'오늘 하루 푹 쉬면 나아지겠지.'

그러나 생각과 달리 몸은 사흘째가 돼서야 겨우 회복되었다. 사흘씩이나 결근을 한 것은 직장생활 12년 만에 처음 있는 일이었다. 너무 서둘러 나온 탓인지 낯익은 본사 10층 건물의 로비도 어쩐지 생소하기만 했다. 마주치는 직원들도 어색한 미소만 지을 뿐, 활력을 찾아보기 힘든 표정들이다.

이른 시간이어서인지 출근한 사람은 아직 없었다. 커피를 마시고 있는 이토벤 옆으로 사장 비서실에 근무하는 대학 후배 양 대리가 다가와 앉았다. 그는 애써 밝은 표정을 짓는 듯했다.

"이 과장님. 소식 들으셨어요?"

"왜? 회사에 무슨 일이라도 있는 거야?"

"그동안 소문만 무성하던 구조조정이 현실화될 것 같습니다."

이토벤은 허를 찔린 것 같았다. 부랴부랴 회사 인트라넷에 접속했다.

지난 달부터 흉흉하게 나돌던 소문이 결국 사실로 드러났다. 회사가 위기상황을 타개하기 위해 특별위원회를 구성해서 향후 회사의 전략, 특히 국내 사업규모의 40퍼센트 정도를 축소하는 방안을 논의한다는 것이다. 사태의 진원지는 중국이었다.

"결국 이렇게 돼 버렸네요, 과장님."

양 대리가 근심 가득한 목소리로 이토벤을 바라보며 말을 건넸다.

"국내 생산을 축소하고 공장을 중국으로 이전한다는 거지?"

이토벤은 습관적으로 오른쪽 귀를 만지며 되물었다.

"강원도 생산라인을 대폭 줄이고 6개월쯤 후에는 중국으로 생산라인을 이전할 계획이라고 하네요."

"짐작은 했었지만 예상보다 훨씬 빨리 진행되는군. 아마 본사

인력도 대폭 감원되겠지?"

양 대리는 고개를 끄덕였다. 차장이 천천히 쉬라고 한 이유를 이제야 알 것 같았다.

전통적으로 세계 현악기시장은 독일과 일본이 장악하고 있다. 고급 수제품은 독일이, 교육용 일반 저가 제품은 일본이 세계시장을 석권하고 있다. 하지만 국내시장은 조금 달라서, 국내기업이 교육용 현악기시장에서 일본 제품에 맞먹는 품질과 가격 경쟁력을 갖추고 있었다. 이토벤의 회사도 1년 전까지만 해도 국내에서 안정적인 시장점유율을 보여왔고, 이를 바탕으로 해외시장에서도 자체 브랜드를 런칭할 정도로 기술력을 인정받는 현악기 전문 제조기업이었다.

그러나 중국의 악기 제조기술과 유통파워가 예상보다 빠른 속도로 성장하면서 상황은 급반전되기 시작했다. 해외시장은 물론, 국내에서도 25달러 미만이라는 상상할 수 없는 가격대로 저가 교육용 시장을 잠식해 들어오는 바람에 회사는 견딜 수 없는 형편이 되었다. 새로운 부가가치 기술을 개발하여 위기를 타개하려던 사장의 타임스케줄이 차질을 빚으면서, 생존을 위한 고육책을 강요받는 상황이 된 것이다.

금요일 오전에 첫 번째 대책위원회가 소집되었다. 뜻밖에도 이토벤은 스무 명으로 구성된 위원회에 포함되어 있었다.

'적어도 위원회에 소속된 나를 자르지는 않겠지.'

스스로를 위로하며 불안한 마음을 깊숙이 밀어 넣었다. 회의실에 감도는 냉랭한 공기 때문에 늦여름의 더위 따위는 아무도 의식하지 못할 정도였다.

회의 시작과 함께 기획실의 이 상무가 위원회를 구성하게 된 배경을 설명했다.

"현재의 사업전략이나 조직구조를 유지하면서 중국의 공세를 이겨내는 것은 불가능합니다. 회사는 아예 생산거점을 중국으로 옮기고 기술을 이전해서, 동일한 가격대비 우수한 기술경쟁력으로 새롭게 도전하려고 합니다. 단기적으로는 긴축이 되겠지만 중장기적으로는 국내시장뿐만 아니라 세계시장에서도 현재의 수준 이상을 회복할 수 있다는 것이 이번 전략의 핵심입니다. 잘 아시다시피 이번 결정은 회사의 생존이 걸린 문제입니다. 위원들께서는 이 점을 잘 이해하시고 회사의 방침이 차질 없이 잘 실행될 수 있도록 지혜를 모아 주시기 바랍니다."

일종의 맞불 작전이었다. 큰 이변이 없는 한 이러한 생존전략으로 회사는 생명을 이어갈 수 있을 것이다. 그러나 이 전략을 선택하는 순간 국내의 기술인력과 생산조직의 감축은 피할 수 없게 된다. 그 점을 모두 알고 있기에 회의의 분위기는 침울했다. 누구도 쉽게 입을 열지 못했다. 침묵을 깬 사람은 강원도 공장에서 온 수제현악기 제작팀의 강 팀장이었다.

"오늘의 위기는 오래 전부터 예견된 사안입니다. 그래서 회사는 위기를 극복하기 위해 블루오션을 창출할 수 있는 기술에 투자를 계속해왔습니다. 최근 상황이 매우 어려워진 건 사실이지만 창업 이래 지켜온 기술경쟁력 중심 전략을 포기하고, 생산기지 중국 이전과 인력감축이라는 방어적 생존전략을 택한다는 것에 대해서는 쉽게 수긍이 가지 않습니다. 마음을 열고 지혜를 모은 다면 분명히 혁신적인 대안을 찾을 수 있다고 생각합니다. 최종적으로 결론을 내리기 전에 전사적으로 대안 마련의 과정을 가졌으면 합니다."

'기술투자의 결과가 이 모양인데 아직도 기술 타령인가.'

이토벤은 왼쪽으로 의자를 돌려 강 팀장을 응시했다. 안 부장이 강 팀장의 발언이 채 마무리 되기도 전에 말을 자르고 들어왔다.

"안 됩니다. 강 팀장도 잘 알겠지만 회사에서는 이미 수없이 많은 대안들을 놓고 고심을 거듭한 끝에 전략을 마련한 것입니다. 그런데 현시점에서 처음부터 다시 논의한다면, 게다가 전사적으로 공론화하자는 것은 아무런 결론도 얻지 못하고 혼란만 가중시킬 수 있습니다. 더구나 이해관계가 맞물린 직원들과 대화를 시도한다는 것은 자칫 갈등만 키우게 됩니다."

이 상무가 안 부장의 말을 받아 굳은 목소리로 말을 이었다.

"강 팀장은 위원회를 만든 이유를 생각해주시기 바랍니다. 모든 직원들의 의견을 듣는다는 명분으로 자리를 만들면 일만 복잡해질 겁니다. 여기에서 논의하는 것으로 충분하다고 생각합니다. 경영진이 심사숙고 끝에 내린 결정이라면 때로는 주도적으로 밀고 나아가야 합니다. 기술개발도 중요하지만, 일단 생존을 해야 기술도 쓸모가 있는 겁니다. 지금은 현실을 직시해야 합니다. 직원들에 대한 순진한 온정주의가 기업 전체를 망칠 수도 있습니다."

강 팀장은 무언가를 꾹 눌러 삼키는 듯한 표정을 짓고 있었다. 이때 양 대리가 자리에서 일어났다.

"경영진에서 올바르게 판단하고 이끌어주리라 믿지만, 최선의 해결책이 되려면 직원과의 공유 과정이 필요하다고 생각합니다. 회사의 결정에 무조건 따르는 것보다는 그러한 결정에 대해서 함께 머리를 맞대고 고민하는 과정이 있어야 효과적으로 실행될 수 있기 때문입니다. 지금과 같은 변화의 시기에 최선의 선택을 하기 위해서는 다른 의견에도 귀 기울여야 한다고 생각합니다."

'저 친구는 또 왜 저래?'

이토벤은 답답했다. 양 대리가 겨우 말을 마치고 앉았고, 한동안 침묵이 이어졌다. 결국 모두의 시선이 이 상무가 앉은 쪽을 향하게 되었을 때, 이토벤이 천천히 일어서서 입을 열었다.

"기업환경은 빠르게 변하고 있습니다. 변화의 속도에 맞추어 회사나 개인도 신속하게 대응하고 빠르게 판단하며 주도적으로 일을 추진해야 생존할 수 있으리라 생각합니다. 지금 제기된 문제는 새로운 것이 아닙니다. 직원 대부분은 이미 충분히 알고 있다고 생각합니다. 구체적인 대안이 없는 상태에서 의견수렴 과정은 시간과 에너지를 소모할 뿐, 실익이 없으리라 생각됩니다. 그러므로 위원회에서는 실천 방안을 중심으로 논의하는 것이 옳다고 생각합니다."

이토벤은 나름대로 상황을 읽었고, 대세를 거스르기 어렵다는 판단을 내렸다. 이토벤의 발언 이후 회의는 이 상무의 주도로 회사의 방침과 실행계획을 설명하는 자리가 되어 버렸다.

그런데 정작 이토벤은 회의에서 이루어지는 이런저런 발표와 반박에 귀 기울이는 것을 포기한 채 자신의 생각 속으로 빠져들기 시작했다. 회사는 이번에 닥친 시련을 쉽게 극복할 수 있을 것 같지 않았다.

'이대로 회사가 몰락의 길로 접어드는 걸까? 그렇다면 나의 미래는 어떻게 되는 건가?'

이런 생각이 이어지자 회의 전 잠재웠던 두려움이 다시 고개를 들었다. 그리고 더 이상 회사가 그의 장래를 보장해줄 수 없을 것이란 점이 분명해지고 있었다.

지난 십여 년의 직장생활은 그런대로 좋았다. 이토벤은 자식의 안정적인 미래를 바라는 부친의 권유에 따라 내키지 않는 법대에 진학했었다. 그러나 대학 시절 그가 시간과 열정을 쏟은 대상은 법전이 아니라 음악이었다. 졸업 후에는 아버지의 만류에도 불구하고 고시를 포기하고 '음악'을 선택했다. 작곡과로 편입을 했던 것이다. 이때부터 아버지와 갈등의 골이 깊어졌다. 그러나 대학원을 마치고 막상 작곡으로 생계를 이어가자니 쉽지 않은 일이었다. 무엇보다도 자신의 재능에 대한 불안을 떨쳐버릴 수 없었다. 결국 이토벤이 정착한 곳은 현악기 전문 제조업체인 지금의 회사였다.

홍보팀 업무도 그리 나쁘지 않았다. 현악기 제조와 관련된 여러 장인들도 만날 수 있었고, 해외 콩쿠르가 있을 때는 가끔 출장의 기회도 잡을 수 있었다. 클래식과 오디오 마니아이기도 했던 그에게는 취미와 직업을 병행할 수 있는 적절한 환경이었다.

'이제 내가 선택할 수 있는 길은 무엇인가?'

가늘고 긴 한숨이 이토벤의 입에서 새어 나왔다. 잠깐 생각을 끊고 연단을 보니 사장이 회의 마무리 발언을 하고 있었다.

"주주와 이사회의 권유를 받아들여, 국내 본사에는 기간인력과 해외사업부, 강원도 공장에는 수제현악기 제조팀만 남기고 구조조정을 시행하도록 하겠습니다."

창밖으로 보니 잔뜩 흐린 하늘의 풍경조차 아름답게 느껴졌다. 꼬리를 물고 달리는 차량들을 내려다보며 막연한 기대와 불안 사이를 오가고 있는데, 안 부장이 슬그머니 다가와 이토벤의 어깨를 툭 건드렸다. 그는 주주들의 후광을 등에 업고 차기 CEO감으로 부상하는 이 상무의 사람으로 알려져 있다.

"정확한 판단과 신속하고도 주도적인 실행력, 그 두 개의 바퀴로 목표는 성취되는 법이지. 자네도 그걸 아주 정확하게 꿰고 있더군. 회사를 이끌어갈 인물이라면 그 정도의 카리스마와 결단력은 필수지. 이 상무만 이상 없다면 회사는 이상무야. 그렇게 생각하지 않나?"

그는 뜻 모를 미소를 지으면서 이토벤을 다독였다. 이 상무를 지지하는 것은 알겠는데, 은밀한 미소의 속뜻은 짐작이 가지 않았다.

"직원들의 이야기를 수렴해 지혜를 모으자고? 안 되지, 안돼. 들어보나 마나 뻔한 얘기들. 자기 앞길이나 헤쳐 나가려는 소시

민적 발상들이나 늘어놓겠지. 그런 저급한 얘기들을 들어주느라 시간 낭비, 체력 낭비를 할 수는 없는 일이지. 오늘 보니 우리 회사에도 아주 답답한 인간들이 여럿 있더군. 그렇게 빙빙 돌아가면 언제 무너져가는 회사를 세우고 주주들의 이익을 보장해줄 수 있겠나. 그렇지 않은가?"

'안 부장 말투는 왜 항상 저 모양이야, 안 되기는 뭐가 안 된다는 건지……'

이토벤은 회의 때 자신이 한 말과 크게 다르지 않은데도, 막상 안 부장의 목소리로 듣고 보니 뭔가 영 마땅치가 않았다. 그러나 내색할 수는 없었다.

"판단이 빠르고 주저 없이 행동으로 옮기는 스타일이라고 들었는데, 아까 회의에서 자네가 발언한 내용에 나도 전적으로 동감이야. 앞으로 나 좀 많이 도와줘야겠어."

사실 이토벤은 홍보팀 내에서도 팀원들의 이야기를 듣기보다는 자신의 지식과 경험을 가지고 판단을 내리는 스타일이었다. 그렇게 결정을 하고 나면 대체로 남의 의견에 대해서는 큰 의미를 두거나 귀 기울이지 않는 편이었다. 안 부장은 그런 이토벤의 성격을 파악하고 있었던 것이다.

"무슨 말씀이신지요?"

이토벤이 약간 예민해진 말투로 물었다.

“본사의 구조조정이 시작되면 국내 대리점도 통폐합할 생각인데, 일부 대리점은 퇴사하는 직원들에게 개설권을 줄 계획이네. 그리려면 아무래도 회사 정책에 적극 협력하는 사람들에게 우선권을 줘야 하지 않겠어?”

안 부장은 이토벤에게 미끼를 던지고 있었다. 직원들에게 회사 방침을 제대로 홍보하고 설득해달라는 얘기일 것이다. 회의시간 내내 자신의 향후 진로에 대한 생각이 분명하게 정리되지 않아 답답했던 이토벤에게는 무시할 수 없는 솔깃한 제안이었다.

새로운 출발

밤늦게까지 대리점 오픈 준비를 하고 있지만,
사업 계획을 점검하고 인테리어를 살피고 악기들을 닦고
전시하는 동안에는 피곤한 줄도 몰랐다.

"예리한 판단력과 뛰어난 실행력을 갖추신 이 과장님. 자기 생각이 옳다고 여기면 남이 뭐라 하든 초지일관 앞으로만 나아가시는 과장님. 그런데 한 번쯤은 후배들의 의견도 들어주세요. 선배님은 항상 확신에 차 있으니 누구의 조언도 필요 없겠지만 말이죠. 아무튼 난파선 같은 회사에서 가장 먼저 뛰어 내리신 거 축하드립니다."

대리점 오픈을 앞두고, 진열할 악기들을 살펴보던 이토벤은 양 대리의 전화를 받았다. 자기중심적 태도 때문에 모두들 경원시하는 이토벤에게 양 대리는 회사 내에서 마음을 터놓고 얘기하는

"

거의 유일한 사람이었다. 물론 가끔씩 이렇게 비아냥거리는 말로 이토벤의 속을 뒤집어놓기는 하지만 음악에 대한 열의가 두 사람 사이의 갈등을 녹여주곤 했다.

이토벤이 안 부장과 함께 이 상무의 정책을 적극 지지하며 직원들을 설득하고 다닐 때, 그리고 결국 제일 먼저 자진 퇴사를 결정했을 때, 양 대리는 그것이 목 좋은 대리점의 개설권을 얻는 조건임을 짐작했다. 양 대리는 그런 이유로 이토벤에 대해 많이 실망하여 한동안 연락을 끊고 있었다. 양 대리와의 전화통화 후 이토벤은 환송회 술자리에서 홍보팀의 어린 후배가 던진 한마디 말을 다시 떠올렸다.

'왜 사람들이 선배님을 이토벤이라 부르는지 이유를 알고 계세요? 선배님이 유달리 베토벤 음악을 좋아해서요? 아니면 선배님 곱슬머리가 베토벤과 비슷해서요? 아닙니다. 진짜 이유는 선배님이 귀머거리 베토벤처럼 남의 말을 듣지 않아서예요. 언제나 듣는 척하지만 결국은 과장님 입장에서 판단한 대로 모든 결론을 내리시니, 누군들 이 과장님과 일하는 게 재미가 있겠습니까?'

사실 그는 사람들이 자신을 이토벤이라 부를 때 기분이 나쁘지는 않았다. 솔직히 말하자면 은근히 기분이 좋았다.

'그런데 그게 남의 말을 듣지 않는 나를 비꼬는 것이었다고?'

그 자리에서 이토벤은 태연히 웃어 넘겼지만 내심 충격을 받았

"그래, 이제 나에게는 새로운 삶이 시작될 것이다."

다. 하지만 아무리 생각해보아도 후배의 말을 그대로 수긍할 수
는 없었다.

'그건 단지 그 후배 개인의 생각일 뿐이야.'

아무튼 이제는 모두 지난 일이다.

'아닌 척하지만 사람은 누구나 결국 자기중심적이기 마련 아
닌가. 그래, 이제 나에게는 새로운 삶이 시작될 것이다.'

벌써 일주일 이상 밤늦게까지 대리점 오픈 준비를 하고 있지
만, 사업 계획을 점검하고 인테리어를 살피고 악기들을 닦고 전
시하는 동안에는 피곤한 줄도 몰랐다. 가끔씩 전에 없던 어지럼
증이 나타나고 귀에서 이명耳鳴이 들리기도 했지만 참을 만했다.
그럴 때면 매장에 설치해놓은 진공관 오디오를 틀어 바이올린 음
악을 듣곤 했다. 그러다 보면 어느새 오래전 이탈리아 공방에서
바이올린 제조 연수를 받던 기억이 되살아나곤 했다. 그에게도
한때는 바이올린 제작의 장인을 꿈꾸던 시절이 있었다.

"바이올린은 외부의 곡선 하나에도 음향 원리가 반영되어 있
으며 길이와 두께, 휘어진 각도까지도 이유 없이 만들어진 것이
없는 악기입니다."

대학 시절 이토벤은 바이올린 제작의 본고장인 이탈리아의 크레모나를 찾은 적이 있는데, 여장을 풀자마자 찾아간 공방에서 인스트럭터가 그에게 들려준 첫마디였다.

거리마다 수십 년에서 백 년이 넘는 전통을 가진 공방들이 즐비했다. 그 분위기에 매료된 이토벤은 크레모나에 눌러앉아 석 달 동안 공방에서 개설한 초급 바이올린 제자 과정에 참기했다.

인스트럭터는 짙은 눈썹과 콧수염으로 모양을 낸 건장한 사내였다. 그의 목소리에는 이탈리아인 특유의 쾌활함이 배어 있었다.

"3개월은 매우 짧은 시간이기 때문에 주로 바이올린의 형태, 구조에 대한 공부와 재질, 도료에 대한 이론적인 측면을 다루게 될 겁니다."

이토벤은 바이올린 제작 과정을 익히는 데 소리와 악기에 대한 자신의 열정을 쏟아 부었다. 과제를 완수하기 위해서는 거의 매일 밤을 지새워야 했지만, 장인들의 가르침을 받으며 바이올린의 본고장에서 제작 과정을 체험해보는 것만으로도 그는 행복했다.

"바이올린 제작은 장인의 고된 숙련과 정성을 끝없이 요구합니다. 어떤 점에서 연금술과도 비슷합니다. 마치 연금술사가 돌을 금으로 변화시킬 수 있는 화금석을 찾고 영원한 생명을 추구하듯이, 장인은 나무를 다듬어 영혼이 깃든 바이올린을 만드는 것이죠. 그래서인지 18세기 연금술사의 작업실에는 흔히 현악기 그림이 붙어 있었다고 합니다.”

인스트럭터가 바이올린을 조심스럽게 들어 보이며 말했다.

“그런데 바이올린의 제작 과정에서 가장 중요한 단계가 언제 입니까?”

함께 연수를 받던 누군가가 질문을 했다. 인스트럭터는 주위를 둘러보더니 아주 조심스럽게 대답했다.

“공명통, 즉 사운드박스sound box를 만드는 단계가 가장 중요합 니다. 좀더 구체적으로 말하자면 사운드박스를 구성하는 앞판과 뒤판의 두께, 각도, 사운드포스트의 위치, 목재의 재질, 이런 모 든 것들이 소리에 영향을 미치게 됩니다. 한마디로 이 작업 자체 가 대단한 예술이죠. 나무를 다루는 세심한 손놀림과 도료를 잘 배합하여 칠하는 게 핵심입니다. 이렇게 만들어진 사운드박스를 통해서 세상에서 가장 아름다운 소리를 만들어 냅니다.”

3개월의 짧은 연수를 마치며 이토벤은 아쉬움을 떨쳐버릴 수 없었다. 하지만 언젠가 자신의 손으로 명품을 만들어 보리라는 기약 없는 결심은 시간의 저편에 잠들어 있을 뿐이었다. 반복되 는 일상은 이토벤에게 그날의 결심을 실현할 기회를 주지 않았 다. 벌써 십여 년 전의 일인데 아직까지 그날의 장면이 마치 어제 일처럼 선명하게 떠오른다는 사실이 놀랍기만 했다. 이토벤은 자신이 크레모나의 추억을 얼마나 소중하게 간직하고 있었는지 새삼 느꼈다.

~

대리점을 오픈하기로 한 토요일이 밝았다. 새 출발을 축복해 주는 듯, 하늘은 구름 한 점 없이 맑고 청명했다. 지겨웠던 더위가 물러가더니 어느새 아침저녁으로 공기의 맛이 달라졌다. 살랑이는 바람이 상쾌하기 이를 데 없는 9월의 첫 주말이었다. 묘한 설렘으로 밤새 뒤척이던 이토벤은 침대에서 일어나면서 약간의 현기증을 느꼈다. 잠을 못 자서 그런 것이겠지 하면서 화장실 문을 여는 순간, 갑자기 타일 바닥이 눈앞에 벌떡 일어서는 것을 느꼈다.

"쿵!"

무언가 둔탁한 소리가 귓속을 울렸다. 그러더니 이내 나른하고 편안한 기분이 들면서 몸이 공중에 뜨는 것만 같았다.

'……'

십 분이 지났을까? 아니, 한 시간 정도? 이토벤은 화장실 바닥의 차가운 기운 때문에 정신이 들었다. 몸을 일으켜 세우려 노력해보았지만, 말을 듣지 않았다. 마치 다른 누군가의 육신을 입고 있는 듯한 느낌이었다. 문득 무언가 큰일이 벌어지고 있음을 깨달았다.

‘대리점 오픈식에 나가야 하는데…… 이럴 줄 알았으면 병원에 가라는 아내의 말을 들었어야 했는데’ 하는 생각들이 머리를 어지럽혔다. 갑작스러운 불안감이 스멀스멀 몸과 마음으로 퍼져나갔다. 의식이 다시 가물거렸다. 간신히 거실로 기어 나와 휴대폰을 잡은 이토벤은 1번 버튼을 길게 누른 채, 그대로 정신을 놓고 말았다.

정밀 검사를 받은 지 나흘이 지났다. 오늘 검사 결과를 듣게 될 것이다. 병실 창밖으로 구름이 빠르게 지나가고 있었다. 쓰러진 그날, 별거 중인 아내에게 무의식적으로 전화를 걸었던 모양이다. 아내가 황급히 달려와 사태를 수습해주었다. 구급차에 실려와 MRI를 찍고, 그날로 입원해 청력검사 등 필요한 검사에다 조직검사까지 마쳤다. 하지만 대리점 오픈식은 엉망이 되어버렸다. 다행히 아내와 양 대리가 수고해 최악의 상황은 막을 수 있었다. 이제 현기증은 사라졌고 특별히 아픈 곳도 느껴지지 않았다. 다만 조직검사 자국에 남아 있는 통증과 귀가 먹먹하다는 느낌이 이토벤을 불편하게 했다.

‘다음주 토요일에는 다시 오픈식을 할 수 있겠지.’

아내가 들어왔다. 안색이 좋지 않았다. 별거 이후 늘 보아온 익숙한 표정이다. 이토벤과 눈이 마주치자 주저하는 듯 말을 삼켰다. '무슨 일인데?' 하는 표정으로 물었다.

"들어가 보세요."

아내의 말에 이토벤은 조금 위축이 되었다. 언제부터인가 아내의 말투는 용건만 간단히 전하는 스타일이 되었는데, 군소리를 듣기 싫어하는 그와 살았던 흔적인 듯했다. 아내의 팔에 의지한 채 진료실 쪽으로 걸어가며 이토벤은 한마디도 꺼내지 못했다.

"이 선생님, 귀는 좀 어떠세요? 청력이 조금씩 떨어지고 있지만, 아직은 크게 불편하지 않을 겁니다."

진료실에 들어서며 주변에 신경을 쓰느라 담당의사의 말을 잠깐 놓쳤다.

"예, 귀가 좀 먹먹한 느낌이 들지만, 몸은 전체적으로 많이 나아진 것 같습니다. 고맙습니다."

그러나 의사는 사뭇 진지한 표정으로 다시 입을 열었다.

"이 선생님, 지금부터 제가 하는 얘기 잘 들으시기 바랍니다."

순간적으로 불길한 생각이 스치고 지나갔다.

"뇌줄기에서 종양이 발견되었습니다. 최근의 심한 현기증과 그동안 간간히 오른쪽 귀가 먹먹했던 증세는 종양이 그쪽 청신경을 압박하여 발생한 것입니다."

이토벤은 순간적으로 자신의 귀를 의심했다. 고개를 돌려보니 아내의 얼굴이 창백해져 있었다.

"……."

담당의사가 들려준 얘기는 청천벽력 같았다. 불길한 예감은 그렇게 적중하고 있었다.

종양은 희귀한 악성 쪽이라고 했다. 진행된 종양의 크기나 위치로 보아서 전신마비 등의 심각한 합병증 때문에 외과적 수술은 거의 불가능에 가깝다고 했다.

"조직검사를 하며 청신경 쪽의 일부 종양은 제거했고, 뇌압과 부종을 가라앉히는 약물치료를 했기 때문에 당분간 현기증이나 청력 감소가 심하지는 않을 겁니다. 물론 갑작스러운 난청 가능성까지 사라진 것은 아닙니다."

담당의사는 알 수 없는 이야기를 계속하고 있었다. 이토벤은 도무지 현실감이 들지 않았다.

망연자실하고 있는 이토벤을 바라보던 담당의사는 아직 절망할 단계는 아니라며 낙심하지 말 것을 당부했다. 아무튼 하루라도 빨리 방사선치료와 약물치료를 받아야 한다는 결론이었다. 그러나 이토벤은 어떤 결정도 할 수 없었다.

살아온 날들

소파에 기대앉은 이토벤은 마른침을 삼켰다. 옆자리의 아내는 고개를 숙인 채 생각에 잠겨 있었다. 그는 온몸에서 기운이 빠져나가는 것을 느꼈다. 거실 바닥으로 초가을의 맑은 햇살이 조용히 사선을 긋고 들어와 두 사람의 그림자와 대비를 이루고 있었다. 아내가 한숨을 쉬듯 입을 열었다.

"작년 건강 검진 때 청각에 이상이 있다고 정밀검사를 하라고 했다면서요? 그때만 발견했어도 좋았을 텐데."

'왜 그렇게 남의 말을 건성으로 듣고 무시했느냐는 말을 하려는 거겠지?'

이토벤은 눈을 감았다.

'괜찮을 거야.'

마음속으로 '난 쓰러지지 않아, 난 죽지 않아'를 주문처럼 몇 번이고 되뇌었다. 퇴직과 새 사업만으로도 충분히 버거운 시점이다. 왜 하필이면 지금 몸에 이상이 생긴단 말인가. 그것도 악성 종양이라니. 도무지 받아들이기 힘들었다.

'수술을 하더라도 종양을 완전히 제거할 수 없고, 심각한 후유증까지 걱정해야 한다면 도대체 날 보고 어쩌란 말인가.'

이토벤은 다음날 퇴원을 강행하여 집으로 돌아왔다. 아내도, 병원에서도 말렸지만 이토벤의 고집을 꺾을 수는 없었다.

오늘도 아침부터 아내는 그렇게 말 없이 거실을 지키고 있었다. 이토벤이 피곤하다며 침대에 눕자, 아내는 아들 현이가 돌아올 시간에 맞추어 친정으로 돌아갔다.

'당신이 언제 한번이라도 내 말에 제대로 귀 기울여 본 적이나 있어요?'

별거 전 언제부턴가 혼자 중얼거리곤 하던 아내의 목소리가 머릿속을 헤집고 다녔다.

'이 과장님은 왜 저희 의견은 들으려고도 하지 않으세요?'

홍보팀 막내가 했던 이야기도 떠올랐다.

'그래서 뇌종양이 청신경 쪽에 생긴 건가?' 이렇게 생각하자

헛웃음이 흘러나왔다. 하늘과 온 세상이 자신을 질책하고 있다는 생각이 그를 엄습했다.

'선배님은 외로울 때 없으세요? 누군가 내 얘기를 들어줄 사람이 필요할 때 말이에요.'

언젠가 양 대리가 이토벤에게 물었던 적이 있다. 그때 뭐라고 대답했었는지 애써 기억을 되살리려 했지만, 도무지 기어이 나지 않았다. 이토벤은 침대 시트를 머리 끝까지 끌어올렸다.

이토벤은 새벽까지 뒤척이다가 자리에서 일어났다. 뭔가 꼭 해야만 할 일이 있을 것 같았다. 책상에 앉아 노트를 펼쳤다. 그러나 한 줄도 써 내려갈 수 없다. 한동안 망연히 허공을 바라보던 그의 눈에 액자가 들어왔다. 아들 현이 유치원에 입학했다며 작년에 아내가 보내준 사진이다. 모처럼 환하게 웃고 있는 모습이었다. 아들이 그렇게 웃고 있는 모습을 처음 본 것만 같다.

'사랑하는 나의 아들 현아……'

이토벤은 노트에 그렇게 쓰고 있었다.

아들 현絃에게 증상이 나타나기 시작한 것은 벌써 3년 전의 일이다. 아주 어릴 때부터 발달이 좀 늦은 편이기는 했다. 자라면서 또래 아이들에 비해 유난히 고집이 세고 여간해서는 웃지 않는 모습을 보면서도 천성이 그러려니 했다. 아이들 교육에 관심이 많은 처제의 조언에도 불구하고 이토벤은 한사코 아이를 전문 클리닉에 데려가는 것에 대해 반대했다.

발달이 조금 늦을 뿐이지 병은 아니라는 것이 그의 생각이었다. 그렇게 1년을 끌고서야 겨우 아내의 부탁을 들어주었다. 그것도 무신경으로 인해 도무지 말을 알아듣지 못하는 아이를 야단치다가 한바탕 전쟁을 치르고 난 후에야 마지못해 동의한 것이다. 진단을 마친 담당의사는 사무적으로 소견을 밝혔다.

"자폐와 비슷하지만 그보다는 덜 심각한 발달장애 증상입니다. 일상적인 생활을 하는 데는 큰 문제가 없을 겁니다. 그러나 정상아이에 비해 의사소통에 어려움이 있을 겁니다. 아이의 심리와 행동발달을 위한 전문 치료 교육기관을 소개해드리겠습니다. 음악이나 미술 같은 예술치료도 효과적이라고 합니다. 이런 경우일수록 부모의 애정이 중요합니다."

아들 현에게 이상이 발견되었다는 것은 두 사람 모두에게 커다란 충격이었다. 결국 아이에게 문제가 있다고 판명되자 속으로 곪아오던 부부의 갈등이 폭발하고 말았다.

"당신이 직장생활 한답시고 아이를 그렇게 방치해두고, 무슨 일만 있으면 애를 이 사람, 저 사람에게 맡기더니 그 결과를 보라고."

"당신 지금 그게 말이 된다고 생각해요? 당신이나 나나 똑같이 직장생활 하면서 현이를 키워야 했는데, 당신은 일주일에 몇 시간이나 아이와 함께 보냈다고 생각해요? 애 키우는 일이 어디 나만의 책임이에요?"

그동안 남편의 고집과 무관심도 견디기 힘들었는데, 아이 문제의 원인이 모두 자신 때문이라는 비난까지 듣게 되자 아내 은경은 더 이상 참을 수 없었다. 은경의 인내가 한계에 다다른 것이었다. 아내의 반응에 이토벤은 곤혹스러웠다.

"당신도 힘든 것은 알지만 그래도 아이는 일차적으로 엄마가 돌보는 것이 맞잖아. 아무튼 이 지경에 이르기 전에 나한테 얘기를 했어야 되는 거 아니야?"

"정말 구제불능이군요, 당신이란 사람은. 내가 당신한테 아이가 이상하다고 병원에 데려가자고 애원한 것이 어디 한두 번이었어요? 음악회다 출장이다 오디오 컬렉션이다, 자기 귀를 즐겁게 하기 위해서는 돈과 시간을 물 쓰듯 하면서도, 혼자 동동거리며 온갖 애 뒤치다꺼리를 다 감당해온 나한테 어떻게 그런 말을 할 수 있어요?"

아내는 이토벤의 아픈 구석을 잘도 찾아내 찔러댔다. 신경이 바짝 곤두선 그도 같이 고함을 쳐댔다.

"내 귀만 즐겁게 하기 위해 돈과 시간을 물 쓰듯 했다고? 기가 막히는군, 정말. 내가 하고 싶은 일도 포기하고 회사 일에 매달리는 것이 모두 다 내 한 몸을 위해서라는 거야?"

아이가 듣고 있다는 사실도 잊은 채 부부는 언성을 높여갔다. 결국 이토벤이 자기 분에 못 이겨 식탁 위의 컵을 주방으로 집어 던짐으로써 싸움은 막을 내렸다. 유리컵이 선반의 유리창에 부딪쳐 박살이 난 순간, 날카로운 파열음은 예리한 칼날이 되어 두 사람 사이의 희미했던 끈을 끊어 버렸다. 그 소리를 시작으로 온 집안은 냉기로 가득 차게 되었고, 두 사람의 마음은 급속도로 얼어붙기 시작했다.

그날 이후, 아내의 말수가 눈에 띄게 줄어들었다. 여간해서는 미소를 짓는 일도 없었다. 다니던 직장을 그만두고 아이에게만 집중했다. 남편에게는 꼭 필요한 일이 있을 때만 짧게 사무적으로 말할 뿐이었다.

아내의 침묵에 이토벤 역시 침묵으로 맞섰다. 귀가는 더욱 늦어졌고 술에 취한 채 들어오는 횟수도 늘어났다. 주말에는 음악에 빠져드는 것으로 자신의 불만을 표출했다. 그러기를 수개월, 결국 아내는 이토벤을 일시적으로 떠나있겠다고 선언했다. 아이의 치료가 그 이유였다.

"친정에 가 있을게요. 한 시간 반이나 걸리는 시설을 매일 다녀야 하니 현이도 나도 지쳐 버렸어요. 당신도 알다시피 친정에서는 15분 거리야. 당신더러 그쪽으로 옮기자는 소리는 안 하겠어. 옮겨줄 것 같지도 않고. 그러니, 당분간 나는 현이에게 집중하고 싶어요."

이렇게 말하고는 짐을 꾸려 친정으로 떠나 버렸다. 어떻게 해서라도 붙잡았어야 하는 건지, 과연 그럴 생각이 있었는지 이토벤은 지금도 자신의 마음을 정확히 알 수가 없다. 아이를 데리고 친정으로 떠나던 날 아내가 남긴 말이 생각났다.

'당신이 말하는 '알았어'의 의미는 도대체 뭐죠? 당신은 나에 대해서, 그리고 현이에 대해서 아무것도 모르고 있잖아요! 더 이상 나한테 '알았다'는 말, 하지 마세요!'

이토벤에게 '알았다'는 말은 '더 이상 네 말에 귀 기울이기 싫다'는 뜻의 우회적인 표현이었다. 집에서뿐 아니라, 회사에서도 그는 '알았어, 알았다니까!'를 달고 다녔다. 팀원들의 제안이 마음에 들지 않으면 '알았다'라고 하면 그만이었다.

어느새 창 너머로 동이 트고 있었다. 그러나 이토벤의 손에 들려진 펜은 한 줄도 더 나아가지 못한 채, 노트 둘째 줄에서 같은 자리를 맴돌고 있었다. 출구를 찾지 못한 채 그의 머릿속에서 소용돌이치는 상념들과 꼭 같았다. 딱히 후회라거나 반성이랄 수도 없는, 그저 지나간 날들에 대한 미련일 것인데도 그의 마음은 끝없는 심연 속으로 꺼져가고 있었다. 그런데 신기하게도 이전에 한 번도 의식 위로 떠오르지 않았던 생각의 편린들이 그 심연을 뚫고 올라오고 있었다. 이토벤은 필사적으로 그 생각의 조각들 속에 숨어 있는 무언가를 추억하려고 노력했다. 그러나 그 어느 것도 분명하지가 않았다. 다만, 언젠가 누군가에게 들었던, 그러나 미처 새겨듣지 못했던 목소리들이 귀를 울리고 있다는 느낌만 강했다.

∽

날이 완전히 밝자 이토벤은 오디오 기기와 음반을 싸들고 처가를 찾았다.

"현이가 새로 시작한 음악치료에 도움이 될 것 같아서 가져왔어."

아내는 별다른 대꾸도 없이 아들의 방으로 안내했다. 그는 익숙한 손놀림으로 오디오를 설치했다. 음반을 올려놓으니 경쾌한 트럼펫 연주가 흘러나왔다.

"세 살 때인가, 현이가 아주 좋아했던 음악이지."

주변 사물에 특별한 흥미를 보이지 않던 현이가 갑자기 일어나 온 집안을 뛰어다니며 흥겨워하던 음악이었다. 아이의 손을 잡고 한참이나 함께 춤을 추었던 기억이 어제 일만 같았다.

이번에는 아이작 펄만의 음반을 걸어 보았다. 진공관 오디오를 장만하여 처음 들었을 때의 감정이 살아났다. 그날 이토벤은 아들 현에게 바이올린의 매력에 대해 알려주고 싶었다.

'자, 들어보자. 바이올린 소리 참 좋지? 아빠가 이담에 현이 크면 바이올린 꼭 배우게 해줄게. 그리고 아빠가 바이올린 만드는 방법도 조금 배웠거든. 네가 바이올린을 켤 수만 있다면, 아빠가 세상에서 제일 멋있고 좋은 바이올린을 만들어 주마.'

그날이 기억나는지 이토벤을 바라보는 아내의 눈길이 한결 부드러워졌다.

"기다렸다 현이 보고 가지……."

아이의 방을 나서는 그를 보고 아내가 말을 흐렸다. '그럴까?' 하는 대답이 목에 걸렸다. 그러나 오후에 돌아오는 아이를 만나고 가려면 여러 시간 기다려야 한다.

"다음에 다시 올게. 현이에게 잘 전해줘."

따라 나오던 아내가 그의 뒷모습에 대고 소리쳤다.

"현이 아빠, 난 당신이 빨리 치료받았으면 좋겠어."

한 줄기 빛

차창 밖의 풍경은 하루가 다르게 변하고 있었다. 나무와 숲, 집과 건물들, 오가는 사람들, 심지어 늘 지나오던 거리까지도 이토벤에게는 처음 보는 풍경처럼 낯설게 느껴졌다. 집에서 나와 버스로 한 시간 가량을 달려 종점에 도착했다. 5년 전 소리 채집을 위해 주말마다 전국을 찾아 다닐 때 서울 가까이에서 발견했던 대나무숲이다.

전과는 달리 곳곳에 벤치가 놓여 있었다. 숲 안으로 한참 걸어 들어가자 이마에 땀방울이 맺혔다. 맑고 신선한 나무의 숨결이 몇 주 동안 움츠려 있던 그의 내면까지 스며들어 말갛게 씻겨주는 듯했다.

벤치에 누워 몇 분을 보내자 졸음이 밀려왔다. 초가을의 따사로운 햇살이 조심스럽게 대숲을 어루만지다 이토벤의 얼굴을 간질였다. 생각해보니 최근 며칠 동안 한번도 숙면에 들어본 적이 없었다. 밤낮을 가리지 않고 집안의 모든 스피커를 울려댔으니, 영혼에 평화가 있을 리 없었다. 마음속의 어떤 강박이 소리에 집착하게 했던 것이다.

인위적인 모든 소음이 사라지고 자연의 숨결 품에 안겨 있자니 태초에 여인의 자궁 속에서 잉태된 아기가 된 느낌이었다. 태아는 엄마의 뱃속에서 볼 수도 만질 수도, 냄새를 맡을 수도 맛을 볼 수도 없지만, 소리는 들을 수 있다. 엄마의 심장 소리, 아버지의 음성과 처음 만나는 것이다.

목에 걸고 있는 핸드폰이 진동했다. 아내가 보낸 메시지였다.

〔목요일 학교. 기억하지? 1시까지 갈게.〕

아들 현이 다니는 교육원의 원장 선생님과 상담하기로 했던 날이 바로 오늘이었다. 이토벤은 빠르게 회신 버튼을 눌렀다.

"현이 상태는 어때?"

이토벤은 청력이 약해지면서, 말을 하는 데도 조금씩 어려움을 느끼기 시작했다. 자신의 목소리가 분명하게 들리지 않는 상태에서 상대에게 음성을 전달하는 것은 생각보다 쉽지 않은 일이었다. 마치 벙어리장갑을 끼고 글씨를 쓰는 느낌이랄까, 자연스레 목소리 톤도 불안정해졌다.

"요즘 많이 좋아지고 있어요. 음악치료가 아이에게 효과적인 것 같아."

운전 중인 아내는 천천히 말을 이었다. 이토벤은 아내의 입술 모양을 뚫어져라 쳐다보았다.

"현이의 상태는 매우 고무적입니다."

원장은 현이가 레슨을 받는 모습을 보여주었다. 현이는 집중해서 바이올린 활을 긋고 있었다.

"언어 기능은 아직 정상아이들에 비해 뒤처지지만, 바이올린에 대해서 만큼은 뛰어난 반응을 보이고 있습니다."

원장이 계속해서 현이 상태를 설명해주었다.

"2년 넘게 바이올린치료 교육을 받고 있는데요, 바이올린 교사의 의견으로는 연주 실력이 이미 제 또래의 일반 아이들 수준을 훨씬 넘어선다고 합니다. 사실은 지나치게 음악에 몰입하지 않도록 조심할 정도입니다. 결국 음악에 대한 긍정적 경험이 언어 기능이나 의사소통 발달에도 도움을 줄 겁니다."

이토벤은 양해를 얻어 현이가 수업을 받는 교실 뒷자리에 앉았다. 아이는 바이올린에 열중하느라 인기척을 느끼지 못한 듯 보였다. 아이가 한 소절을 연주하면 교사가 다음을 이어서 연주하는 모습이 마치 두 사람이 대화하는 것을 보는 듯했다. 현이가 음악과 바이올린에 민감한 반응을 보이고 있다는 것은 진작에 알고 있었지만 직접 눈으로 확인하니 남다른 느낌이 일었다.

집으로 돌아오는 차 안에서 아내는 운전에만 집중할 뿐 말이 없었다. 뒷좌석에 앉은 아이도 잠이 들었는지 아무런 기척이 없었다. 아내는 집에 도착해서야 입을 열었다.

"이제 현이는 어느 정도 길을 찾은 것 같아. 내년에는 일반 학교에도 다닐 수 있을 것 같고. 그러니 현이 아빠도 더 늦기 전에 치료를 시작해야 하지 않겠어요?"

이토벤은 짐짓 못 들은 척하며 대꾸를 하지 않았다. 한참을 기다린 끝에 아내가 다시 물었다.

"현이 아빠, 아직 가능성이 있는데, 왜 먼저 포기하는 거예요?"

"치료를 받지 않겠다는 건 아니야, 단지 시간이 좀 필요해서 그래. 정리할 것도 있고 말이야."

"그 정리는 도대체 얼마나 걸리는데요? 진단을 받은 지 벌써 보름이 다 되어 가잖아요."

아내도 이토벤의 심정을 이해 못하는 것은 아닐 것이다. 한참 만에 이토벤이 입을 열었다.

"당신도 알잖아. 완치된다는 보장도 없는데, 지금 치료를 시작한다면 내 인생은 무기력한 환자인 채로 병실에서 끝날 수도 있어."

그러자 아내는 어디서 들었는지 이런저런 긍정적인 사례를 얘기하며 이토벤을 설득했다.

"그렇게만 되면 얼마나 좋겠어. 오늘은 그만 얘기하지, 피곤해."

"그만 하자고요? 당신이 계속 고집을 부리고 아무런 치료도 받지 않으면……."

아내가 말을 삼켰다. 이토벤의 눈이 아내와 마주쳤다.

"그래, 치료를 받지 않으면 몇 개월이나 살 수 있대? 6개월? 4개월? 그러면 치료를 받으면 몇 개월을 더 살 수 있는데?"

서로 입 밖에 내지 않고 숨겨왔던 말이 터지자 이토벤은 아내에게 미안한 마음이 들었다. 하지만 어쩔 수가 없었다.

'중환자가 되어 남은 인생을 마감할 수는 없어.'

∼

무대는 꽤 넓었다. 한 줄기 조명이 부드럽게 커지면서 홀 전체가 밝아지기 시작했다. 놀랍게도 무대 중앙에 서 있는 연주자는 현이였다. 아이는 밝은 표정이었다. 제일 앞자리에 앉은 이토벤과 눈이 마주치자 살짝 미소를 머금었다. 아이는 조금도 긴장하거나 떨고 있지 않았다. 피아노 반주자가 자리를 잡았고, 몇 차례의 튜닝 끝에 현이는 반주자와 눈빛을 교환하고 힘차게 활을 놀리기 시작했다. 베토벤의 바이올린 소나타였다.

처음으로 접하는 아들의 연주를 들으며 몸과 마음이 깨끗이 씻겨지는 듯했다. 현이의 연주는 결코 아마추어의 솜씨가 아니었다. 선명하면서도 그윽한 소리가 홀 안에 가득 울려 퍼지고 있었다. 완벽한 소리였다. 이토벤은 아들의 연주에 깊이 빠져들었다. 그런데 갑자기 '탕' 하는 소리와 함께 바이올린 줄이 끊어졌다. 바이올린 소리가 멈추더니 곧 현이의 울음소리가 터졌다. 잠시 후, 그 소리마저 점점 희미해졌다.

일어나 보니 누운 자리가 땀으로 흥건히 젖어 있었다. 이토벤은 갑자기 밀려오는 슬픔에 사로잡혔다.

'왜 하필 나에게 이런 시련이 닥쳤을까?'

대상을 알 수 없는 분노가 치밀었다. 불과 몇 달 전만 해도 잘나가던 홍보과장이었던 자신이 지금은 완치를 장담할 수 없는 질병에 시한부인생을 사는 무직자 신세가 되었다. 아내와는 별거 중이고 하나뿐인 아이는 바이올린 외에는 소통하기 힘든 발달장애를 겪고 있다.

결국 생명을 담보로 질병과 싸워야 하는 몇 개월 인생이 도대체 무엇을 할 수 있단 말인가. 모두의 권유처럼 지금이라도 당장 입원하여 치료를 시작하는 것이 옳은 것인가? 그러나 완치될 보장이 없다면, 치료를 시작하는 그 순간 일상적인 삶을 포기해야만 할 것이다. 그대로 병원에서 삶을 마감할지도 모른다. 그렇다면 나는 가족들과 동료들에게 과연 무엇을 남길 수 있을 것인가? 이렇게 삶을 마감해야 하는 것인가? 아직, 그럴 수는 없다.

이토벤은 무작정 버스를 타고 대숲으로 향했다. 늘 찾던 벤치를 찾았다. 긴 호흡으로 마음을 안정시키자 꿈에서 보았던 아들의 미소가 다시 떠올랐다. 비록 꿈이었지만, 자신에게 미소를 선물해준 아들이 고마웠다. 동시에 아들을 위해 해준 게 아무것도 없다는 자책감에 괴로웠다. 이렇게 아이와 헤어질 수는 없는 일이었다. 나에게 남은 시간은 얼마나 될까? 의사는 6개월을 장담하지 못했지만 최악의 상황만 아니라면 그 정도 시간은 남아 있을 것이다.

'몸을 움직일 여력이 남아 있을 때 현이를 위해 무언가를 할 수 있을 거야. 아직 감각이 살아 있는 동안 아이를 위해 무언가를 해주고 싶어!'

서성대는 나무들 사이로 한 줄기 빛이 찌르듯이 내려왔다. 대숲에서 바람을 가르는 피리 소리가 들렸다. 활을 긋는 현악기 소리 같기도 했다. 문득 크레모나의 기억이 떠올랐다.

'바이올린을 만들고 싶다. 내 손으로 직접, 현이를 위한 바이올린을 만들 수 있다면.'

그런 생각이 스치자 가슴이 떨려왔다. 자신이 만든 바이올린으로 아들이 연주하는 걸 들을 수 있다면, 이대로 세상을 떠나도 좋을 것 같았다. 자신의 혼이 담긴 바이올린을 아들 곁에 둘 수 있다는 생각을 하니 암흑 속에서 한 줄기 빛을 본 듯 기쁨마저 느껴졌다. 이토벤의 얼굴이 어느 때보다 밝게 빛났다.

소나타 ^{발견}

시베리아

"강원도라고요?"

회사의 구조조정 때 독립해서 공방을 차린 장 부장을 만나 자신의 처지를 설명하고 한쪽 구석에서라도 바이올린 제작법을 가르쳐 달라고 신신당부했을 때, 그는 공방 형편을 내세워 거절했었다. 거듭되는 간청에 마지못해 이토벤을 공방에 받아주기는 했지만, 결국 열흘을 넘기지 못하고 강원도 생산 공장의 강 팀장을 연결해준 것이다.

"그래, 이 과장. 강원도 생산 공장의 강 팀장에게 자네에 관해 부탁을 해뒀네."

이토벤이 강 팀장을 모를 리 없었다. 구조조정 과정에서 의견이 달라 충돌을 일으킨 적도 있었다.

"강심장으로 불린다는 그 강 팀장 말인가요?"

"맞아. 겉으론 냉정하게 보이지만 알고 보면 아주 정이 많은 친구야. 내가 무척 아끼는 후배고. 비록 회사에서는 크게 인정을 받지는 못하고 있지만, 언젠가는 진가를 발휘할 사람이야."

"제 이야기를 했는데도 허락을 하던가요?"

이토벤의 질문에 장 부장은 또박 또박한 말투로 이야기를 이어나갔다.

"물론이지. 자네를 기억하더군. 콩쿠르 출품작 때문에 쉽지는 않겠지만, 잘 얘기해뒀네. 일주일에 두 번 정도는 저녁시간을 이용해서 바이올린 제작법을 전수해줄 거야. 남은 시간에는 이 과장이 직접 배운 내용대로 시행착오를 거치면서 작업을 해야겠지."

강 팀장이 승낙했다니 다행이기는 하지만 막막하기는 매한가지였다.

'공방에서 하루 종일 붙어서 어깨너머로 배우고 피드백을 받아도 남은 시간 동안 바이올린을 완성할 수 있을지 걱정이 되는 마당에, 일주일에 겨우 두 번 배우는 것으로 어떻게 바이올린을 만들 수 있을까?'

강 팀장의 얼굴을 떠올리자 다시 답답함이 몰려왔다. 하지만 사정을 가릴 처지가 아니다. 이토벤은 어금니를 꽉 물었다. 바이올린을 만들겠다는 결심에는 흔들림이 없었다.

집에 도착해 양 대리에게 메신저로 대화를 요청했다. 이토벤이 발병한 이후, 양 대리와의 크고 작은 앙금은 사라졌고 예전처럼 좋은 선후배 사이로 돌아가 있었다.

〔강원도의 수제현악기 제조팀들이 어떻게 재편되었는지 알 수 있을까?〕

〔이번에 인력이 조정되어 교육용은 두 개 팀을 제외하곤 모두 철수했고요. 수제팀도 세 개로 축소되었어요. 지원팀을 포함해서 전체 30명 정도가 근무하고 있죠. 교육용팀은 중국에 공장을 열면 핵심 기술 이전을 담당할 겁니다. 그리고 이전이 완료되면 팀의 일부는 중국으로 파견되고 나머지는 해체될 것 같아요.〕

〔그러면 누가 생산본부장을 맡고 있는 건가?〕

〔안돼 부장, 아니 안 부장이라고 아시죠? 이 상무한테 점수를 많이 땄나 봐요.〕

〔분위기가 좀 썰렁하겠네?〕

〔직원들끼리도 아직은 많이 힘들어 하죠. 남은 사람들에게는 떠난 사람들의 빈자리가 훨씬 크게 느껴지나 봅니다. 그래서 시베리아라고 한대요.〕

강원도로 떠난다고 말하면 새하얗게 질릴 아내의 얼굴이 겹쳐졌다. 갑자기 몸에 한기가 몰려왔다.

～

　바깥 날씨는 완연한 가을이었다. 거리에 낙엽이 뒹굴기 시작하고, 이른 아침은 제법 쌀쌀해져서 두툼한 겉옷을 입어야 할 정도가 되었다. 집 근처의 카페에서 이토벤은 아내를 만났다. 커피를 앞에 두고 어색한 침묵의 시간이 흘러갔다.

　"당신이 원하는 대로 하세요."

　아내 은경은 분명한 발음으로 천천히 말했다.

　"강원도에 들어가든 중국으로 날아가든, 당신이 하고 싶은 대로 하세요. 이런 말은 하고 싶지 않지만, 현이와 내가 어찌되든 당신은 늘 자신만을 위해 결정하는 사람이잖아요."

　은경의 한마디, 한마디가 이토벤의 가슴에 아프게 박혀왔다. 그러나 아내의 태도를 탓할 수는 없었다.

　"현이를 위해 내가 마지막으로 해줄 수 있는 것이 이거라 생각했어. 미안해. 내가 당신 많이 힘들게 한 거, 다 알아. 이제 와서 시간을 거꾸로 돌이킬 수만 있다면 그렇게 살지는 않을 텐데."

　남편은 남들에게 먼저 쉽게 미안하다는 표현을 하는 사람이 아니었다. 은경은 조금씩 식어가는 커피잔을 두 손으로 감싼 채, 지그시 눈을 감았다.

'아, 우리에게도 말하지 않아도 충분히 소통할 수 있었던 시절이 있었는데.'

눈을 떠 보니, 어느새 커피는 싸늘하게 식어 버렸고 얼굴이 해쓱해진 중년의 남자가 고목처럼 딱딱하게 굳어 버린 모습으로 마주 앉아 있었다.

"내가 강원도로 들어가면 좀 도와줄 수 있어? 내가 운전도 할 수 없고, 짧은 시간에 바이올린 만드는 데 집중하려면 당신이 가끔 와주었으면 하는데. 역시, 너무 염치없는 부탁이겠지?"

이토벤은 지푸라기라도 잡는 심정으로 말을 꺼냈다.

"당신은, 참 이기적이야."

은경의 본심과는 다르게 가시 돋친 말이 튀어나왔다. 이래서는 안 된다는 생각이 들었지만 이토벤의 행동을 이해할 수가 없었다.

'정말 현이나 나를 생각한다면 강원도에 갈 생각을 할 것이 아니라 당장 치료를 시작해야 하는 거 아닌가?'

이토벤은 말 없이 자리에서 일어나 밖으로 나갔다.

'자기밖에 모르는 사람.'

이토벤의 뒷모습을 바라보며 은경은 가슴속 깊이 피어오르는 슬픔을 삭였다. 남편이 바이올린에 집착하는 이유는 그녀도 충분히 짐작할 수 있었다.

'얼마 남지 않은 삶을 생각하니 자기 세계에 더욱 애착이 가는

걸가? 하지만 왜 여전히 내 마음은 생각해보지 않는 거야?'

은경은 여전히 남편에게서 견고하고 차가운 벽을 느끼고 있었다.

'나를 위해, 현이를 위해 이번 한 번만 자신의 생각을 포기하면 안 되는 걸까? 자기가 살아남은 후에 바이올린을 만들어 주겠다는 결심을 할 수는 없는 걸까?'

가장 뛰어난 예술

구조조정 과정에서 부딪치며 익힌 강 팀장의 얼굴은
언제나 굳은 입술에 미간을 찌푸린 못마땅한 표정이었다.
부담스러운 사람이라 여겨졌다.

임시로 얻은 숙소는 공장에서 십 분 정도 떨어진 거리에 있었다. 아내가 운전을 해주어 수월하게 짐을 옮길 수 있었다. 집을 청소하고 짐을 정리하는 일까지 아내는 묵묵히 도와주었다.

"현이 엄마, 고마워. 당신이 도와줘서 수월하게 자리를 잡을 수 있게 됐어."

"고맙다고? 그런 얘기를 들으니 기분이 이상하네. 현이를 위해서 바이올린을 만든다니 도와주는 거예요."

"고마워, 이해해줘서."

"그래요, 이해하려고 노력하고 있어요."

아내의 얼굴에 웃음기가 살짝 스쳤다. 이토벤은 자신을 이해할 수 있는 사람이 아내밖에 없다는 생각이 들었다.

"생각해보니 당신이 정말 나의 도움을 필요로 할 때, 난 당신 곁에 있지 않았던 적이 많았어. 나 하고 싶은 대로 하며 살았지."

그는 아내에게 어떻게든 자기의 마음을 표현하고 싶었다. 한번 말이 터지니 어려울 것도 없었다.

"당신이 아픈 현이를 안고 한밤중에 병원으로 달려갈 때, 나는 회사 일을 핑계로 지방 연주회를 들으러 떠난 사람이야."

"그랬죠. 그때 정말 힘들었어요."

아내는 가만히 앉아 이어지는 그의 말을 들어주었다.

"당신이 직장을 그만두고 현이를 매일 교육원에 데리고 다니는 동안에도 나는 너무나 무책임했어. 현이에게도 너무나 미안해."

이토벤은 시간이 지날수록 마음이 편안해졌다. 아무 말 없이 듣고만 있는 아내가 그 어느 때보다도 가깝게 느껴졌다. 강원도 행을 결심한 후에도 없어지지 않았던 마음속의 불안감이 조금씩 사라지기 시작했다.

"솔직히 말하자면, 나는 아직 당신을 이해할 수 없어요."

저녁식사를 마친 후 숙소로 돌아오는 길에 은경이 이토벤의 눈을 똑바로 쳐다보며 말했다.

"현이를 데리고 다니면서 내가 얼마나 힘들고 무서웠는지 알아요? 그 생각을 하면, 지금 바이올린 만들겠다는 결심도 당신 자신을 위한 것 같아요."

이토벤은 뭐라 대답할 수가 없었다.

"어쨌든 이제 나는 아무 상관하지 않을 거예요."

아내는 결국 눈물을 보였다.

아침에 눈을 떴을 때, 아내는 작업대 위에 짧은 메모를 남기고 서울로 떠난 뒤였다.

강 팀장에게 문자메시지를 보냈다. 초조한 30분이 흐르고 나서야 답장이 왔다.

〔퇴근 후 연락 드리겠습니다. 강〕

이토벤은 오후 내내 강 팀장과의 대화를 머릿속으로 상상해보았다. 구조조정 과정에서 부딪치며 익힌 강 팀장의 얼굴은 언제나 굳은 입술에 미간을 찌푸린 못마땅한 표정이었다. 부담스러운 사람이라 여겨졌다. 궁리 끝에 양 대리에게 조언을 구해보았다.

"안 본부장이 중국 이전 프로젝트와 제작팀을 총괄하면서부터 회사의 조직을 일하기 편한 사람들로 바꾸고 있어요. 강 팀장은 해직된 장 부장의 직계 후배니, 안 본부장의 눈에는 가시 같은 존재겠죠."

악재가 겹치고 있었다. 강 팀장은 더욱 자신의 방어막을 치게
될 것이고, 그런 와중에 귀도 잘 들리지 않는 불청객에게 바이올
린 제작을 가르쳐줄 마음의 여유도 없을 것이다. 하지만 이토벤
입장에서도 물러설 수는 없는 일이었다.

공장 사무실에서 두 사람은 자리를 마주했다. 예상대로 강 팀
장의 낯빛이 그리 밝지 않았다. 어색하고 초조한 시간이 흘렀다.
몸 상태를 모두 밝힐 수야 없겠지만, 이토벤은 최대한 진솔하게
자신의 처지를 말하기로 했다.
한참을 묵묵히 듣고 있던 강 팀장이 말을 자르며 들어왔다.
"그렇게 합시다."
똑부러지게 단호한 말투였다.
"장 부장님의 특별 부탁도 있고, 또 이 과장님의 말을 들어보니
사정도 딱하고 해서 어렵지만 돕기로 하겠습니다. 업무에 지장이
없는 범위 내에서 바이올린 제작 방법을 전수해드리겠습니다."
구조조정 과정에서 껄끄러웠던 이야기를 전혀 내색하지 않는
강 팀장의 태도가 마음을 편하게 했다. 단지 업무에 지장이 없는
범위라는 전제가 마음에 걸렸다. 그렇다고 자신에게 시간적 여유
가 그리 많지 않다는 말까지 할 수는 없었다. 가뜩이나 어려운 여

건 중에서 돕겠다는 사람에게 시간까지 정해놓고 재촉할 수는 없는 노릇이었다.

"일주일에 두 번, 퇴근 후 밤 시간을 이용해서 지도해드리도록 하겠습니다. 화요일과 목요일 저녁, 어떠신지요?"

이토벤은 매일같이 하루도 빠지지 않고 악착같이 배우려던 참이었기에, 강 팀장의 제안이 퍽 실망스러웠다. 그러나 강 팀장이 얼마나 힘든 상황에서 자신을 배려한 것인지 잘 알기 때문에 더 이상 요구할 수는 없었다.

이토벤은 작업 시간을 늘리기 위해 숙소를 작업실로 세팅하기로 했다. 든든한 작업대가 있어야 했고 몇 가지 장비들이 필요했다. 여러 종류의 끌과 톱, 칼 등과 도료를 칠할 붓들도 준비했다. 이틀이 훌쩍 지나고 화요일 저녁이 되었다.

한적한 3팀 작업실에서 강 팀장 혼자 기다리고 있었다.

"바이올린을 만들려면 먼저 몰드가 필요합니다."

이토벤은 이미 크레모나에서 3개월간 실습해본 경험이 있기에 강 팀장의 가르침을 쉽게 이해할 수 있었다. 말을 천천히 해주었으면 하는 아쉬움이 있었으나 그런대로 맥을 잡아갈 수 있었다.

"몰드는 사운드박스를 만드는 데 있어서 중요한 틀 역할을 합니다. 이 몰드로 속을 채워 놓고 블록을 붙이고 옆판을 먼저 빙 돌려 만들게 되죠."

강 팀장은 실제 바이올린의 사운드박스와 똑같은 모양으로 만든 몰드를 들고 구석구석 보여주며 차분하게 설명을 해주었다. 이토벤은 강 팀장의 말을 한마디도 놓치지 않으려고 집중했다.

"수제바이올린 제작자들은 전통 있고 좋은 몰드를 얻기 위해 많은 투자를 하죠. 회사가 소유하고 있는 이 몰드는 이탈리아 크레모나의 공방에서 아주 비싼 값을 주고 구입한 거예요. 스트라디바리와 똑같은 사이즈의 몰드죠."

이토벤이 크레모나에서 단기 연수를 받았다는 이야기를 하자, 강 팀장이 놀랍다는 표정을 지었다.

"내 얼굴에 뭐라도 묻었나요?"

강 팀장은 자신의 입을 뚫어져라 쳐다보는 이토벤의 눈길이 부담스러웠나 보다. 부지런히 받아 적는 메모에 대해서는 홍보팀에서 취재하던 습관일 거라고 생각했던 것이다.

"겉으로 보기에는 멀쩡하셔서 미처 생각을 못했습니다. 몸이 많이 불편하시다고 하던데요."

이토벤은 자신의 청각에 이상이 있음을 고백할 수밖에 없었다. 강 팀장은 장 부장의 부탁을 떠올리며 고개를 끄덕였다.

"어느 철학자가 예술 중에서 가장 뛰어난 예술이 바로 우리의 인생이라고 말했더군요."

이토벤이 눈을 빛내며 가까이 다가앉았다. 강 팀장은 속으로 '오늘은 내가 별 애기를 다하는군' 하며 어색한 웃음을 지었다.

"음악이나 미술, 공연이 주는 감동보다 훨씬 더 강하게 사람의 마음을 움직이는 것은 바로 우리 자신의 삶이라는 생각을 하게 됩니다. 인생 자체가 그 어떤 예술 장르보다 더 위대한 예술이라는 의미겠죠."

이토벤은 조용히 듣고 있었다.

"악기 제작에 평생을 매달렸던 장인들의 삶에도 그런 면이 있지 않을까요? 때로는 그들이 만든 악기로 연주되는 음악보다 더욱 위대한 것이 장인의 삶일 수도 있다는 생각을 해봅니다."

가까이서 대화해보니 강 팀장은 장인정신으로 충만한 사람이었다.

"물론 나 같은 사람이야 그런 경지에 이르려면 한참 멀었겠지만 말이죠."

강 팀장은 이토벤의 눈길을 피하며 웃었다.

"인간의 삶이 가장 뛰어난 예술 작품이라면, 저의 인생은 어떤 작품이 될까요? 그걸 생각하면 두려운 생각마저 듭니다."

이토벤도 감상에 젖어 중얼거렸다.

"제가 왜 이 과장님을 받아들였는지 아십니까? 사실 이 과장님의 애기를 들었을 때 대단하다는 생각을 했습니다. 제가 사정을 속속들이 알지는 못하지만 그런 상황에서 바이올린을 만들겠다는 용기를 낸다는 게 쉽지 않잖아요."

이토벤은 예상과는 다른 팀장의 모습에서 묘한 매력을 느꼈다.

'내가 바이올린 제작법을 배우는 데 있어서 이 사람이 나의 몰드가 될 수도 있겠다. 이 사람은 오늘 나에게 마음속 이야기를 꺼내 보여주었어.'

이토벤은 초보자가 연습용으로 쓸 수 있는 B급 몰드를 얻어 숙소로 돌아왔다.

다음 날, 강 팀장은 이토벤의 숙소로 바이올린 제작에 필요한 목재 일부를 보내주었다. 몰드에 블록을 고정시키고 옆판을 만드는 작업을 하기에 충분한 분량이었다. 목요일까지 나름대로 개인 실습을 해볼 수 있도록 배려해준 것이다.

얼마 전부터 이토벤에게는 일기를 쓰는 새로운 습관이 생겼다.

강 팀장으로부터 배우는 공정을 잊지 않기 위해 기록으로 남기는 습관이 노트에 자신의 생각들을 일기처럼 쓰는 것으로 이어졌다. 일기는 대부분 '사랑하는 아들 현에게'라고 시작되었다. 작업대에 앉아 일기를 적고 있을 때, 모니터에 메신저 접속 표시가 떴다. 구 박사였다.

〔오늘도 연습하셨습니까?〕

구 박사는 이따금 메신저로 나타나 이토벤의 독순술 연습을 독려하곤 했다. 입원해 있을 때 독순술을 배우라고 권유했던 청각사가, 이토벤이 관심을 보이자 50대 초반의 구 박사를 소개해준 것이다.

〔이 선생. 혹시 이 선생은 청력이 좋았을 때, 다른 사람들의 말을 잘 들어주는 편이었습니까?〕

갑작스런 구 박사의 질문에 이토벤은 가슴이 뜨끔했다. 한동안 무슨 말을 할까 망설이는데 구 박사가 다음 대화를 이었다.

〔곤란한 질문을 했나 봅니다. 장자에 이런 글이 있습니다. '음악 소리가 텅 빈 구멍에서 흘러나온다.'〕

〔무슨 뜻인가요?〕

〔악기나 종은 그 속이 비어 있기 때문에 공명이 이루어져 좋은 소리를 내게 됩니다.〕

〔그렇습니다. 바이올린에서도 소리를 내는 가장 중요한 부분이 공명통입니다.〕

이토벤이 아는 체를 했다.

〔그런데 사람의 경우도 마찬가지입니다.〕

이토벤은 구 박사와의 대화에 흥미가 동했다.

〔이번에는 잘 모르겠습니다.〕

〔사람에게도 공명통이 있다는 것을 아십니까? 사람의 공명통은 마음입니다.〕

구 박사는 천천히 설명을 이어 나갔다.

〔그러니까 사람은 마음을 비워야 좋은 소리가 난다는 것인가요?〕

이토벤이 재빠르게 답변을 달았다.

〔맞습니다. 마음을 텅 비우면 사람에게서 참된 소리가 생겨난다는 뜻입니다.〕

구 박사도 빠르게 대화를 이어갔다.

〔마음을 텅 비울 때, 비로소 우리는 상대방과 대화할 준비가 되는 법이지요. 그렇게 되면 대화 속에서 진실의 목소리를 듣게 됩니다.〕

이토벤은 잠시 혼란스러움을 느꼈다. 누군가와 대화를 하기 위해서는 관련된 지식들을 모으고, 상대의 말이 옳은지 그른지를 판단하고, 끊임없이 생각하면서 내 주장을 관철시킬 준비를 해야 한다고 생각해왔다.

〔박사님. 솔직히 말씀 드리면 잘 모르겠습니다. 텅 빈 마음으로

대화를 한다는 것이 과연 가능할까요? 그렇게 대화를 한다면 결국 상대방이 원하는 대로 끌려가게 되지 않을까 싶은데요.]

이토벤은 조심스럽게 질문을 했고, 잠시 후에 구 박사의 답변이 모니터에 떴다.

[우리는 대부분 상대의 말을 듣기도 전에 미리 나의 생각으로 짐작하고 판단하곤 합니다. 상대의 말을 왜곡하지 않고 있는 그대로 받아들이기 위해서는 먼저 빈 마음이 필요하다는 뜻입니다. 텅 빈 마음이란 아무것도 생각하지 말라는 뜻은 아닙니다. 나의 편견과 고집을 잠시 접어 두라는 의미입니다.]

구 박사는 시간을 두고 좀더 생각해보라며, 화제를 바꾸었다.

[이 선생은 독순술의 핵심이 무엇이라고 생각하십니까?]

뜬금없이 질문을 거듭 던지는 구 박사의 속마음이 무엇인지 궁금했다.

[생각이 필요한 질문 같아서요. 쉽게 답을 드리기 어렵네요.]

[우리가 살아가면서 여러 가지 기술들을 배우곤 하지만, 정작 그 기술이 왜 필요한지 잘 알지 못하는 경우가 많죠. 그래서 본질은 외면한 채, 지엽적인 것을 붙잡고 살아가는 사람들이 참 많다고 생각합니다.]

이토벤은 모니터의 글씨만 바라보고 있었다.

〔급하게 기술만 익히려는 노력은 당장 성과는 있을지 모르지만, 궁극적으로는 열매를 맺기 어렵습니다. 그래서 독순술의 핵심을 아는 것이 중요합니다.〕

독순술의 핵심은 상대의 입술을 읽어냄으로써 의사소통을 하는 것 아닌가? 너무 당연한 것인데, 왜 구 박사는 이것을 생각해 보라고 질문을 던진 것일까? 잠을 청하려는데, 장자의 이야기가 머릿속에 맴돌았다.

'텅 빈 구멍에서 음악 소리가 흘러나온다. 텅 빈 마음을 가져라. 텅 빈 마음이라…….'

넘어야 할 벽

이토벤을 바라보는 팀원들의 곱지 않던 눈길은
본부장이 개입하면서 더욱 악화되었다.
불만을 모두 이토벤에게 뒤집어 씌우려는 듯했다.

〔이 과장님 미안합니다. 급한 저녁 약속
때문에 9시 이후 공장에 돌아옵니다. 작업실 열쇠는 경비실에 애
기해두었습니다.〕

강 팀장으로부터 메신저 메모가 도착했다. 개인 레슨은 이제 2
주 차에 접어들었고 몰드를 이용해 블록을 고정시키고, 날렵하게
깎아내고, 옆판을 잘 구부려 몰드에 고정시키는 것까지 배운 상
태였다. 여기까지는 그렇게 어려운 작업이 아니었기에 비교적 쉽
고 빠르게 진도를 나갈 수 있었다.

이제부터는 본격적으로 뒤판을 자르고 붙여서 몰드를 빼내는

것까지 배워야 한다. 진정한 사운드박스 작업은 이제부터가 시작이다.

"달칵!"

작업실 문이 열렸다. 이토벤은 옆판 만들기 작업에 몰입해 있었다. 인기척을 느끼기는 했지만 강 팀장이 들어오는 것이라 짐작했다.

"누구십니까?"

사내가 옆에 와서 누구냐고 묻는데도 이토벤은 여전히 옆판 작업에만 신경을 쓰고 있었다. 거의 들리지 않는 오른쪽이라 미처 알아차리지 못했던 것이다.

"누구시냐고요?"

아무래도 느낌이 이상해 옆을 돌아보자, 강 팀장이 아닌 웬 사내가 그를 노려보고 있었다. 이토벤은 소스라치게 놀라 들고 있던 연장을 떨어뜨렸다. 더듬으며 작업용 안경을 벗자, 그제서야 남자는 그를 알아본 듯했다.

"혹시…… 홍보팀 이 과장?"

"아, 네. 본부장님. 저 이 과장입니다."

이토벤은 어색한 미소를 지으며 인사를 했다.

"오랜만이군. 그런데 이 과장이 여기서 지금 왜 장비들을 만지고 있는 거야? 더구나 이 밤중에?"

안 본부장의 표정이 일그러졌다. 이토벤은 바이올린 제작을 배우고 있다며 간단히 사정을 설명했다.

"안 되지, 안돼. 있을 수 없는 일이야. 아무리 전직 회사 동료이기는 하지만, 회사의 공적인 장비와 비품을 이렇게 개인적으로 사용하는 것은 문제가 있지."

본부장은 공과 사를 구별해야 한다고 못 박고 있었다.

"하지만, 자네와의 인연도 있고 하니 내일 3팀장과 이 문제를 의논하도록 하지."

과거의 인연 이야기를 하니 마음이 편치 않았다. 혹시 자신 때문에 강 팀장이 불이익을 당할지도 모른다는 생각이 들었기 때문이다.

"본부장님, 죄송합니다. 강 팀장은 그저 저를 도우려는 호의로 제 간청을 못 이겨 허락한 것입니다."

구조조정 이전부터 본부장과 강 팀장이 서로 삐걱대는 사이라는 것은 이토벤도 잘 알고 있는 일이다.

"내가 알아서 해결할 테니, 자네는 이만 돌아가 보도록 하게."

작업실 밖에서 기다렸지만 결국 9시가 넘도록 강 팀장의 모습은 볼 수 없었다. 이토벤은 가방을 챙겨 숙소로 발걸음을 옮길 수밖에 없었다.

'이대로 쫓겨나는 건 아닐까?'

이토벤의 마음은 답답하기만 했다. 달이 기울고 있었다. 차가운 밤바람이 코끝을 스치고 지나갔다.

누구 하나 거들떠보는 사람이 없었다. 이토벤은 작업실 한쪽 구석 의자에 쪼그리고 앉아 팀원들의 작업 모습을 멍하니 지켜보고 있었다. 다들 잔뜩 화가 난 얼굴들이었다. 누가 건드리기만 하면 금방이라도 폭발할 것 같은 분위기였다.

본부장실을 다녀온 강 팀장이 이토벤을 조용히 불렀다. 작업실 뒤편 흡연실로 걸어간 강 팀장은 담배를 길게 빨고 나서 긴 한숨을 내쉬었다.

"어젯밤 일에 대해 출근하자마자 본부장에게 들었습니다. 지금도 다시 불려가서 얘기를 듣고 오는 길입니다."

이토벤은 강 팀장의 입에서 나올 소리가 두려웠다.

"저 때문에 팀장님께 불똥이 튄 것 같아서 죄송합니다. 그런데 본부장님이 저에 대해서 뭐라 하셨는지?"

강 팀장이 난처한 표정을 지었다.

"본부장이 이 과장을 3팀에 합류시키라고 합디다. 직원도 아닌데 회사 장비를 쓰는 것은 용납할 수 없다면서, 무급으로 3팀의 업무를 보조하면서 바이올린 제작 과정을 배울 수 있지 않느냐고요. 어떻게 하시겠습니까?"

이토벤에게는 뜻밖의 소식이었다. 혼자 숙소 작업실에서 끙끙대며 애쓰는 것보다는 열 배, 백 배 반가운 일이 아닐 수 없었다. 그러나 문제는 팀원들의 반발이 불 보듯 뻔했다.

"사실 저에게야 잘된 일이지만, 팀장님과 팀원들에게는 성가신 일이 되겠군요."

"사실 팀원들의 반발이 만만치 않습니다. 아침에 본부장에게 들은 얘기를 들려주었더니, 모두 폭발 일보 직전입니다."

강 팀장은 본부장에 대한 불편한 심경을 감추려 하지 않았다.

"본부장의 의중을 정확히 알 수 없으니 지금 당장 팀원들을 설득하기가 쉽지 않습니다. 하지만 이 과장님이야 순수한 뜻으로 이곳에 있는 것이니 결국은 이해가 될 겁니다."

두 사람이 작업실로 들어서자, 누군가 투덜대는 소리가 시끄러웠다.

"아니, 여기가 뭐 현악기 스쿨이라도 되는 줄 아시나. 바이올린 제작을 배우려면 일본이나 이탈리아로 가야 하는 거 아니에요? 여긴 학원이 아니라고요."

"귀도 잘 안 들리고 몸도 안 좋다면서, 자기가 무슨 베토벤이라도 되는 줄 착각하나. 에이, 젠장. 필라델피아 콩쿠르 출품 마감도 코앞인데 우리더러 뭘 어쩌라는 거야?"

남의 약점을 물고 늘어지는 데 재주가 비상하다는 황독사가 거들었다.

"고집쟁이 팀장에 귀도 잘 안 들리는 혹 하나 달고, 3팀 분위기 한번 제대로네요. 차라리 우리더러 회사를 관두라고 직접 말하지, 뭘 이렇게 치사한 방법을 쓰는 거야?"

냉랭하기로 소문난 스노우퀸이었다. 평소에 아무 말 않고 자리를 차지하고 있다가 분위기를 썰렁하게 하는 데는 일가견이 있었다.

"모두들 자기 일들이나 합시다. 세상에 불만 없는 사람이 어디 있겠어? 괜히 불쌍한 저 양반 핑계로 이러쿵저러쿵 말들 늘어놓지 말고 일하자고요."

묵묵히 전기 대패로 뒤판을 깎고 있던 공명통이 한마디 했다. 그는 사운드박스의 달인이라고 했다. 공명통이라는 별명은 그래서 붙은 것이었다.

"한쪽 귀로 듣고 한쪽 귀로 흘리세요."

팀원들이 퇴근하고 두 사람만 남자 강 팀장이 말을 건넸다.

"살아오면서 이렇게 대놓고 면박을 당하기는 처음이네요. 하지만 잘 들리지 않는다는 게 편리할 때도 있군요."

이토벤이 오른쪽 귀를 만지며 짐짓 여유를 부렸다.

"모두들 상처가 깊어서 그렇습니다. 피해의식일 수도 있고요. 지난번 구조조정 때, 다섯 개 팀이던 수제현악기 제조팀을 헤쳐 모여 하면서, 각 팀에서 문제가 있던 사람들만 모조리 뽑아다 3팀에 모아놨거든요."

"예? 어떻게 그런 일이 가능하죠?"

이토벤은 도저히 이해할 수 없는 팀 편성에 대해 강 팀장에게 따지듯 물었다.

"구조조정 때 모두 정리하고 싶었지만, 회사 전체의 방향이 국내는 수제현악기 제조 쪽으로 모아지는 바람에 차마 정리는 못했던 거죠. 결과적으로는 개성이 강하고 비협조적인 인물들을 묶어놓은 겁니다. 저를 포함해서 말이죠."

본부장이 1팀과 2팀은 마음껏 자신의 뜻을 펼쳐 볼 수 있는 인력들로 배치하고, 3팀은 외인구단처럼 골칫덩어리들을 모아놓은 것이다.

"팀원들에게 미안하죠. 본부장이 눈엣가시처럼 생각하는 사람은 바로 저일 겁니다. 제가 아직도 무슨 꿍꿍이를 가지고 있다고 생각합니다. 저 때문에 팀원들이 고생하는 거죠."

강 팀장은 어느새 진지한 표정으로 돌아가 있었다. 이제 이토벤은 시베리아의 회오리바람 한가운데로 휘말려 든 셈이다.

이토벤을 바라보는 팀원들의 곱지 않던 눈길은 본부장이 개입하면서 더욱 악화되었다. 모든 불만을 이토벤에게 뒤집어 씌우려는 듯했다. 그러나 이토벤은 그런 분위기에 신경 쓸 형편이 못 되었다. 그는 묵묵히 뒤판 만들기 작업에 몰두할 뿐이었다. 이런 태도가 팀원들을 더욱 자극했는지도 모른다. 어쨌거나 팀의 일원으로 합류해서 좀더 빠르게 기술을 전수받겠다는 이토벤의 기대는 처음부터 아예 어긋나 있었다.

"필라델피아 콩쿠르 출품 마감이 이제 두 달 정도 남았군요. 더욱 분발해주기 바랍니다. 모두 알다시피 우리 회사에서는 본선에 바이올린, 첼로, 비올라를 각각 두 작품씩 출품합니다. 회사 내부의 사전 예심에 각 팀에서 악기별로 두 작품씩 내야 하지만, 3팀에서는 한 작품씩만 내면 되니 부담이 적을 겁니다. 좋은 결과 기대합니다."

본부장은 미소를 띠며 일장 훈시를 했다. 그러고는 팀을 휙 둘러보고 자리를 떴다. 모두들 편치 않은 표정이었다.

"부담이 적을 거라고? 자기네들끼리 다 짜고 치는 게임이면서, 우리 3팀에 기대를 하기는 하시나?"

황독사가 본부장 뒤통수에 대고 구시렁거렸다. 강 팀장은 3팀의 멤버들이 현악기 제작 경험이나 능력면에 있어서는 다른 팀에 뒤지지 않는다고 했다. 나름대로 자신들만의 주특기에 대해서는 장인정신도 있었다. 습관적인 투덜거림 속에서도 장인으로서의 자부심과 열정이 비치곤 했다. 하지만 회사를 믿지 못하는 데서 오는 불안감, 인정받지 못하는 데서 오는 불만이 가슴에 응어리져 있어서 서로를 향해 마음을 열지 못할 뿐이었다. 팀원들의 마음이 모래알처럼 흩어져 있어서 그 능력들 또한 제대로 빛도 못 본 채 매장되고 있었다. 아무리 능력이 있어도 인정을 받지 못하면 자신감을 갖기 힘든 것이다.

'상대가 자신을 인정해주지 않을 때의 기분이 바로 이런 것일까? 그런 상사나 동료들에게는 어떤 말도, 어떤 제안이나 아이디어도 자발적으로 말하고 싶지 않겠지.'

아내의 얼굴이 떠올랐다. 아내는 늘 이토벤이 자신을 무시하고 인정하지 않는다는 말을 했었다. 왜 그런 것들이 당시에는 전혀 심각하게 느껴지지 않았는지 당혹스러웠다. 시베리아에까지 와서야 굳게 얼어 있던 그의 마음속 얼음덩어리가 조금씩 녹아내리기 시작했다.

열 개의 눈과 하나의 마음

모니터의 메신저 창이 열리면서 구 박사가 말을 걸었다.

〔독순술의 핵심. 기억해요?〕

〔팀 분위기에 적응하느라 미처 생각을 해보지 못했네요. 죄송합니다. 박사님, 제가 독순술을 제대로 익히면 3팀 사람들과 잘 지낼 수 있을까요? 저는 바이올린 제작 기술을 하루라도 빨리 전수 받아야 합니다.〕

이토벤이 오히려 질문을 올리자, 구 박사가 잠시 뜸을 들인 후 답변을 했다.

〔그렇다면 제가 도움을 드리지요. 그런데 먼저, 들을 청聽 자의 의미를 같이 생각해보십시다.〕

이토벤은 호기심이 일었다.

〔'청' 자를 부수로 자세히 뜯어보면 독순술의 의미를 잘 이해할 수 있습니다. 제 방식을 따라 분석해보세요.〕

이토벤은 구 박사의 설명을 들으며 따라 해보았다. 왼쪽에는 귀 이耳 자 밑에 임금 왕王 자가 있었다. 그리고 오른쪽에는 열 십十 자 밑에 눈 목目 자를 옆으로 눕혀 놓은 글씨가 있었고, 그 아래 한 일一 자와 마음 심心 자가 차례로 놓여 있었다.

〔글자를 분해해보니까 참 재미있는데요?〕

〔그렇지요? 이건 제가 나름대로 의미를 붙여 본 것이지만, 옛 사람들의 지혜가 담겨 있는 글자라고 생각합니다. 듣는다는 것, 그것은 왕 같은 귀를 갖는다는 뜻이 아닐까요? 여기서 왕 같은 귀라는 것은 매우 커다란 귀, 즉 들을 때 우리가 집중해서 들어야 함을 의미합니다.〕

구 박사의 한자 풀이에서 무언가 실마리가 풀리는 듯했다.

〔그런데 열 개의 눈이라는 것은 무슨 뜻이죠?〕

〔바로 그 점이 독순술의 핵심이자, 듣기의 본질이라고 할 수 있습니다. 일반인들과 달리 청각장애인들은 왕의 귀를 가질 수가 없지요. 마음으로야 간절히 귀를 기울이고 싶지만, 아무것도 들

리지 않으니, 그 부분은 포기할 수밖에 없습니다. 그러나 한편으로 듣는다는 것은 열 개의 눈을 갖는 행위입니다.〕

이토벤은 구 박사의 해석에 깊이 공감하며 진지하게 모니터에서 흘러나오는 구 박사의 빠른 타이핑에 몰입했다.

〔바로, 상대를 집중해서 바라보는 거죠. 독순술에서는 입술을 읽기 위해서 상대의 입에 집중하는 것이지만, 일반적으로는 상대의 말이 어떤 의미를 갖는지를 파악하기 위해 그의 표정이나 눈빛, 태도 등의 보디랭귀지를 열 개의 눈으로 파악하면서 들으라는 뜻이겠지요.〕

〔조금은 이해할 것 같습니다. 열 개의 눈이라는 것은 상징이군요. 완벽한 눈이라는 뜻 같습니다. 제게 지금 절실하게 필요한 것이 바로 그 점이라고 생각됩니다. 박사님.〕

〔그렇습니다. 이 선생. 비록 청력은 약해져 가지만, 빛나는 눈으로 어려움을 극복할 수 있을 겁니다.〕

모니터의 글에서조차 구 박사의 진심이 묻어났다.

〔고맙습니다. 박사님. 그런데 마지막에 나오는 일심一心은 어떻게 해석할 수 있을까요?〕

〔이 부분이 바로 독순술의 중요한 효과입니다!〕

구 박사는 기다렸다는 듯이 설명을 시작했다.

〔열 개의 눈이란 무엇일까요? 좋은 시력을 말하는 것일까요?

혹시, 마음의 눈을 말하는 건 아닐까요?〕

'마음의 눈'이라는 표현에 이토벤의 눈가가 파르르 떨렸다.

〔우리가 독순술을 배우는 것은 단지 청력에 문제가 있어서 만은 아닙니다. 커뮤니케이션의 궁극적인 목적은 상대와 한마음이 되는 것입니다. 들을 청의 마지막 조합은 바로 일심, 즉 한마음이지요. 들을 때는 상대의 마음과 하나가 되어야 합니다.〕

이토벤은 구 박사의 설명에 점점 빠져 들어갔다.

〔단순히 말소리를 들었다고 해서 상대의 말을 이해했다고 생각하면 큰 착각입니다. 진정한 듣기는 말하는 상대의 생각과 마음을 읽는 것입니다. 그것이 바로 독순술의 핵심입니다.〕

〔독순술에 그토록 깊은 뜻이 있는 줄은 몰랐습니다. 제가 제대로 독순술을 익힐 수 있을지 자신이 없어지는군요.〕

이토벤이 솔직한 심정을 털어놓았다. 그러자 구 박사가 분위기를 부드럽게 바꾸었다.

〔어렵게 생각할 것은 없습니다. 제가 수수께끼 하나 낼까요? 눈이 둘, 귀도 둘, 그러나 입이 하나인 이유는 무엇일까요?〕

〔언젠가 들어본 속담 같은데요.〕

〔제논이라는 그리스 철학자가 한 말이라고 합니다. 눈은 둘, 귀도 둘, 입은 하나이니 많이 보고, 많이 듣되, 적게 말하라는 뜻이랍니다.〕

〔물론 제대로 보고, 제대로 들어야 하겠지요?〕

이토벤이 긴장을 풀고 여유를 보였다. 구 박사의 답변이 바로 이어서 올라왔다.

〔그렇습니다. 제대로 듣는다는 것이 중요합니다. 역설적이기는 하지만, 그래서 독순술은 청력에 문제가 있는 사람뿐만 아니라 정상인에게도 필요할지 모릅니다. 사실 청각 기능과 듣기 능력은 동일한 것이 아닙니다. 그런데 마치 육체적으로 청각 기능에 이상이 없으면, 누구에게나 듣기 능력이 저절로 따라오는 것으로 오해하고 있지요.〕

이토벤도 멀쩡한 귀를 갖고 살 때는 듣기의 본질이 무엇인지 생각해본 적이 없었다. 그럴 필요를 느끼지 못했었다. 더구나 상대의 마음을 읽는 것이 듣기의 핵심이라는 것에 대해서는 상상도 못했다. 아름다운 소리를 찾아 듣는 일에 열광하던 그였지만 정작 사람들의 마음에서 울려 나오는 소리를 제대로 듣는 일에는 전혀 무관심했던 것이다.

이토벤의 머리에 하나의 화두가 떠올랐다.

'만약에 3팀 사람들의 이야기를 들어주고 마음을 읽을 수 있다면 일이 순조롭게 풀리지 않을까?'

"어이, 이토벤 선생. 뒤판 작업한 것 좀 가져와 봐요."

조각도를 들고 뒤판을 다듬는 데 여념이 없던 이토벤은 웃음소리에 뒤를 돌아보았다. 공명통은 회사 안에서뿐만 아니라 국내에서 손꼽히는 사운드박스 제작의 달인이다. 그래서 팀원들은 물론이고 공장에서는 누구도 그의 말을 무시하지 못했다. 이토벤 역시 언제 그의 가르침을 받을 수 있을지 고대하고 있었다. 그런데 그가 불쑥 '이토벤 선생'이라 부르자 사람들의 입에서 갑자기 웃음이 터져나온 것이다. 팀원들은 이토벤을 전직 홍보팀 이 과장으로만 알고 있었다. 이때 황독사가 날름 한마디 던졌다.

"이토벤 선생이라고? 하긴 베토벤과 생김새가 좀 비슷하기는 하지. 말을 잘 못 알아듣는 것도 그렇고."

황독사의 날름거리는 혀를 노려보며 강 팀장이 이토벤에게 다가왔다.

"공명통 선생이 뒤판을 좀 봐줄 모양이에요."

이토벤은 깜짝 놀라서 공명통을 바라보았다. 그가 고개를 끄덕였다. 이토벤의 가슴에 작은 떨림이 느껴졌다.

"여기 있습니다."

공명통은 그동안 이토벤이 몰드에 옆판을 붙여 라이닝을 하고 뒤판 작업에 몰입해온 과정을 유심히 관찰했던 모양이었다.

"사람의 공명통은 마음이라고 합니다.
그리고 무언가를 이루려면
그 마음을 움직여야 한다고 합니다."

"뒤판 작업하는 거, 누구한테 배웠죠?"

이토벤은 그의 입 표정을 살폈다. 기분이 그리 나쁘지는 않은 얼굴이었다. 조금 안심이 되었다.

"네? 아, 그게. 제가 십 몇 년 전에 어깨너머로 좀……."

공명통은 더듬거리는 이토벤의 모습이 안되어 보였는지, 뒤판 작업에 대해 상세하게 설명해주었다. 공명통의 행동을 주시하던 황독사는 어이가 없다는 듯 바라볼 뿐이었다.

"뒤판은 앞판과 함께 사운드박스에서 가장 중요한 부분이오. 바이올린의 음색은 사운드박스에서 얼마나 아름다운 공명을 이루어내느냐에 의해 결정되는 거죠."

이토벤의 눈에 총기가 돌았다.

"현과 활이 마찰되는 소리는 브릿지를 통해 앞판을 진동시킵니다. 그 진동이 바로 뒤판을 울리고 전체 사운드박스를 휘감아 다시 f홀과 앞, 뒤판의 공간을 훑고 나가면서 소리가 생기는 거죠. 빈 공간은 그냥 만들어지는 게 아니에요. 그 공간에 제작자의 마음이 들어가야 하는 거요."

"아, 그렇군요. 그런데 뒤판의 두께나 나무의 소재도 중요하겠죠?"

이토벤이 크레모나의 기억을 되살리며 맞장구를 쳤다.

"그야, 나무의 소재도 당연히 중요하죠. 하지만 뒤판을 다루는 장인의 마음자세가 더욱 중요합니다.”

공명통은 이토벤이 작업한 뒤판을 건네 받아 이리저리 살펴보았다. 그러더니 목소리가 갑자기 퉁명스럽게 바뀌었다.

“그러니까 뒤판을 이 따위로 깎았다가는 소리가 형편없을 수밖에 없지요.”

공명통이 눈 깜짝할 사이에 작업대 귀퉁이 모난 부분에 뒤판을 내리 찍었다.

“퍽!”

며칠 동안이나 공들인 뒤판이 산산조각이 나버렸다. 이토벤은 눈앞의 광경이 믿어지지 않았다. 말문이 막혔고 가슴은 무너져 내렸다. 두 사람의 대화를 건너 듣던 팀원들이 구경거리라도 난 듯이 빙 둘러섰다.

“일 났구먼. 공명통한테 된통 걸렸네그려.”

“살살하세요. 괜히 분위기 썰렁하게 만들지 마시고요.”

모두들 한마디씩 거들었다. 갑작스러운 상황에 당황한 사람은 이토벤뿐이었다. 공명통의 냉정한 목소리가 귀청을 윙윙대며 울렸다.

“다시 해봐요. 좀 정성껏 해보란 말이오. 너무 얇아도 안 되고 너무 두꺼워도 안 되는 게 뒤판 작업이오. 여기 샘플 있으니 이거 보고 작업해봐요. 자!”

공명통은 자기가 작업하던 뒤판 세 개를 건네주었다. 재질에 따라 두께가 모두 조금씩 달랐다. 건조가 잘 되고 압축성이 좋은 목재는 미세하게 얇았고, 그렇지 않은 것들은 목재의 상태에 따라 조금씩 두껍기도 했다. 그런 차이를 구별하고 정성으로 터득해야만 공명통의 테스트를 통과할 판이었다. 등 뒤로 식은 땀이 흘렀다.

공명통이 처방한 쓴 약은 이토벤에게 큰 도움이 되었다. 분명하지는 않지만, 이토벤이 얻은 교훈은 '공명을 일으키는 작업은 마음이 담겨야 한다'는 것이었다. 구 박사와의 대화가 힌트가 되었다. 아무튼 독순술 실력과 뒤판 조각 실력은 나란히 성장하고 있었다.

독순술을 연습하는 동안 이토벤에게는 새로운 버릇이 생겼다. 3팀 사람들을 대하는 몸의 자세가 달라진 것이다. 마치 라디오의 주파수를 찾기 위해 안테나를 이리저리 돌리듯 자연스럽게 자기 몸의 각도를 상대방에게 맞추려 애를 썼다. 그러고는 말하는 사람의 입 모양에 주목했다. 거기에 덧붙여 상대의 마음을 읽어 보려는 노력도 시작했다. 사실 이토벤의 이런 새로운 습관들은 생존을 위한 몸부림이기도 했다.

"팀장님. 고집 그만 부리시구요. 그만 확 판을 깨뜨려버립시다. 아, 그 사람들 속마음이야 이미 훤하게 다 알고 있는 것 아닙니까? 뭐 하려고 뻔한 장단에 춤을 춰준답니까?"

공명통의 푸념에 강 팀장 이마의 골이 더 깊어졌다. 팀원들은 둘러앉아 콩쿠르 대책회의를 하는 중이었다.

"그래요. 이번 콩쿠르를 핑계로 우리 팀에 타격을 주려는 의도가 훤히 들여다보이는데 굳이 우리가 들러리 설 필요는 없다고 봐요. 끝까지 투쟁해요. 우릴 단체로 한번 잘라 보라고 버텨보죠, 뭐. 끝까지 가봐요."

스노우퀸이 쏘아붙였다. 팀원들 모두 고개를 끄덕였다.

"그래도 회사의 일원인데, 상부의 지시를 어기고 임의대로 거부한다는 건 말이 안돼요. 본부장이 어떤 의도를 가지고 있다고 하더라도, 우리 팀에서는 실력으로 승부하는 것이 가장 현명한 방법이라 생각합니다."

팀장이 차분한 어조로 말했다.

"팀장은 우유부단, 팀원들은 의기소침, 팀은 사분오열 깨지기 일보 직전. 으아, 괴롭네요. 이대로 공중분해되는 겁니까? 회사에서 개성 강하기로 이름난 우리 장인들, 미래의 장인들이 모인 3팀이 힘 한번 써보지 못하고 이렇게 스러지는 거냐고요!"

황독사가 뾰족한 송곳니를 드러내며 소리쳤다.

다른 팀원들만큼이나 이토벤 역시 무거운 마음은 매한가지였다. 자리에 앉아 작업에 열중하고 있지만 머릿속에서는 여러 가지 생각들이 오고 갔다. 3팀의 장래는 어떻게 될 것인가? 본부장의 의도는 또 무엇인가? 회사는 잘 굴러갈 것인가? 이토벤은 마치 자신이 다시 회사에 정식으로 복직한 착각이 들 정도였다. 그러나 결국 분명한 사실은 현이를 위한 바이올린을 하루라도 빨리 만들어야 한다는 것이었다. 그때까지 자신의 몸과 마음이 잘 버텨 주었으면 하는 마음뿐이었다.

"저 역시 판을 뒤집고 강하게 부딪쳐보고 싶은 마음이 있습니다. 그러나 일단은 회사 방침을 따라야 한다고 생각합니다. 본부장이나 회사에서는 1팀과 2팀에게만 기대하고 있을 겁니다. 이럴 때 일수록 더욱 분발해서 3팀의 진짜 실력을 보여줍시다. 자신감은 누가 인정해주어서 생기는 것이 아닙니다. 우리 스스로 실력이 있다면 자연스럽게 드러나는 겁니다. 회사에서도 이번 콩쿠르는 중요한 기회이기 때문에 좋은 작품이 나오면 외면하기 어려울 겁니다. 진심을 다해 승부를 한다면 결국은 그들도 수긍할 겁니다."

강 팀장의 말에 대해 긍정도 부정도 없었다. 침묵이 흘렀다.

그때 황독사가 이토벤을 돌아보며 소리쳤다.

"어이, 이토벤 선생. 이 마당에 우리가 어떻게 하면 좋겠나?"

느닷없는 질문이었다. 팀원 회의시간에 한번도 자신의 의견을 묻거나 한 적이 없었기 때문에 무어라 자기 주장을 펼 만한 준비가 되어 있지 않았다. 막막해하던 차에 문득 구 박사가 들려준 이야기가 떠올랐다.

이토벤은 찬찬히 팀원들의 눈빛을 살펴보았다. 그러고는 조용히 입을 떼었다.

"사람에게도 공명통이 있다는 것을 아십니까?"

황독사가 마주 앉은 공명통을 바라보더니, 이내 표정이 일그러졌다.

"뭐요? 지금 장난하는 겁니까?"

"아니, 이토벤 선생 얘기를 한번 들어봅시다. 그래, 사람에게 있다는 공명통이란 무슨 말입니까?"

공명통이 황독사를 자제시키며 주의를 환기했다.

"사람의 공명통은 마음이라고 합니다. 그리고 무언가를 이루려면 그 마음을 움직여야 한다고 합니다."

이토벤이 조심스럽게 대답했다.

"좋은 악기는 공명통이 좋듯이, 사람은 마음이 좋아야 한다? 그러니까 마음을 바르게 써야 한다, 그런 얘기네."

성질 급한 황독사가 입바른 소리를 했다.

"죄송합니다. 제 표현이 서툴렀습니다. 사실은 제게 독순술을 가르쳐주시는 분의 말씀인데요. 텅 빈 마음을 가졌을 때, 비로소 우리는 상대방과 진실을 주고받는 대화를 할 수 있다고 합니다."

가까스로 기억을 되살리다 보니 이토벤의 이마에 진땀이 흘렀다.

"그러니까 사람들 사이에 진실이 울리게 하려면 마치 악기의 공명통을 잘 다듬어야 하듯이 마음을 비우고 정성을 다해야 한다, 그러면 뜻을 이룰 수 있다는 말이군요."

공명통이 이토벤의 말을 다시 한번 풀었다. 역시 사운드박스 전문가다운 해석이었다. 그는 강 팀장과 팀원들의 얼굴을 휙 둘러보더니 한마디를 덧붙였다.

"이토벤 선생 말인즉, 진검승부를 해보라 이런 얘기군요. 그 얘기 아니오?"

이토벤은 무언의 지지를 보내는 강 팀장의 눈길을 의식하며 말을 이었다.

"사실 제가 특별히 드릴 말씀은 없습니다. 어려운 상황에 저마저 짐이 되고 있다는 것도 잘 압니다. 제가 여러 가지로 부족하고 또 몸도 정상은 아니지만 여러분이 콩쿠르 준비하는 데 도움이 되는 일이라면 무엇이든 돕겠습니다."

이렇게 말을 마치고 팀원들을 돌아보자니 자신의 모습이 어색하게 느껴져 얼굴이 화끈거렸다. 조금씩 발음이 새는 자신의 어눌한 말투와 불분명하게 들리는 상대의 목소리 때문인 듯했다.

"이토벤 선생은 그저 한쪽 구석에서 조용히 계시는 게 우릴 돕는 일이에요."

아니나 다를까 스노우퀸이 퉁명스럽게 말했다. 그러나 그녀의 목소리에서도 이전처럼 냉랭한 기운이 느껴지지는 않았다.

~

이토벤은 숙소에 돌아오자마자 컴퓨터를 켜고 구 박사를 기다렸다. 요사이 심리적으로 가장 의지가 되는 사람은 바로 구 박사였다.

〔이 선생. 혹시 암癌이라는 한자가 어떻게 만들어졌는지 아세요? 중간에 입 구口 자가 세 개 있죠?〕

그동안 구 박사는 이토벤이 앓고 있는 병에 대해서 구체적인 언급은 거의 하지 않았다. 그랬기에 이토벤은 순간적으로 긴장이 되어 답변을 망설였다.

〔입이 세 개라는 뜻입니다. 즉, 입이 세 개나 필요할 정도로 하고 싶은 말이 많은데, 그걸 산에 가두어놓고 막아버렸다는 뜻이에요.〕

〔그렇군요. 재미있는 글자네요.〕

이토벤은 다음 풀이가 궁금해졌다.

〔이 선생, 사람들이 마음속에 하고 싶은 말들을 풀어내지 못하고 가둬 두면 스트레스가 되어서 결국 암에 걸린 상태에 이르는 것 같습니다.〕

구 박사의 뜻풀이가 예사롭지 않았다. 구 박사는 조심스럽게 설명을 이어갔다.

〔전염병은 신체의 외부에서 침입한 세균이나 바이러스에 의해 발병합니다. 그러나 대체로 암은 몸 안의 세포가 악성으로 변해 발생하는 것으로 알고 있습니다.〕

이토벤이 질문을 올렸다.

〔앞의 풀이와 연결하여 좀더 구체적으로 설명해주세요.〕

약간 뜸을 들이더니 구 박사의 답변이 올라왔다.

〔다시 말해, 암은 몸의 내부에 문제가 생겨 발생한다는 겁니다. 그런데 몸의 내부 문제는 마음의 스트레스나 소통 문제와 깊은 관련이 있다는 것이 저의 생각입니다. 참, 이 선생의 병을 치료하는 담당의사는 제가 아니라는 점을 잊지 마세요.〕

〔잘 알고 있습니다. 박사님.〕

이토벤이 곧바로 대답했다. 그러고는 화제를 돌려서 오늘 있었던 회의의 내용을 간단히 알려주었다. 잠시 후 구 박사의 글이 올라왔다.

〔전염병이 집 밖의 도둑이라면, 암은 집 안의 도둑인 셈이죠. 즉, 암은 집 안의 가족 중 누가 이상해져서 다른 가족을 위협하는 상황과 비슷합니다. 제 비유는 비단 개인에게만 해당되는 것은 아닙니다. 3팀의 분위기를 듣고 보니, 조직 자체가 암에 걸릴지도 모르겠습니다. 자기의 분야에서 출중한 능력을 갖춘 인물들인데, 서로 간의 소통에 심각한 문제가 있는 것 같군요.〕

〔맞습니다. 팀장을 비롯해 모든 팀원들이 하나 같이 자신이 주류에서 내쳐졌다는 느낌을 갖고 있습니다. 서로에게 귀 기울여 주지도 않고, 조금만 자존심에 상처를 주는 말이 오가면 이내 분위기가 냉랭해지곤 하죠. 그것이 바로 소통의 문제였군요.〕

구 박사의 설명을 듣고 나니 3팀 문제의 원인을 좀더 이해할 수 있었다.

구 박사는 솔깃한 제안을 했다.

〔독순술 연습을 하려면 누군가와 마주 보고 얘기를 많이 들어야 하는데, 이 선생이 틈날 때마다 팀원들과 대화를 나눠보세요. 마음을 읽으려는 자세로 듣기에 주의를 기울이면서 말이죠. 이때 적절하게 질문을 하는 것도 필요합니다. 한 사람 한 사람에게 개인적으로 다가가 이야기를 성실하게 들어주는 것은 그 자체가 존중이고 사랑입니다. 틀림없이 3팀의 소통 문제를 개선하는 데 큰

도움이 될 겁니다.〕

구 박사는 사람들이 진정으로 원하는 것은 자기 말을 들어주고 자기를 존중해주며, 이해해주는 것이라고 했다. 또한 어떤 조직이든 사람들은 자신의 이야기에 귀 기울여 줄 사람을 원한다고 했다.

〔알겠습니다. 저의 독순술 실력이 부쩍 늘겠네요. 동시에 팀의 분위기에도 변화가 생기면 더욱 좋겠군요.〕

이토벤은 그렇게 하겠다고 약속을 했다. 하지만 머릿속이 명쾌하지는 않았다. 아무래도 '암'이라는 글자에 대한 구 박사의 풀이 때문일 것이다.

'산속에 갇혀 있는 입 세 개의 주인공이 누굴까?'

이토벤은 잠자리에 들어서도 그 생각에 골몰했다.

강 팀장, 공명통, 황독사, 스노우퀸 등의 얼굴이 스쳐 지나갔다. 본부장의 얼굴도 나타났다. 문득 아내의 얼굴이 떠올랐다. 아내의 어두운 낯빛과 산속에 갇힌 입 세 개의 흉한 모습이 그려지자, 이내 가슴이 답답해졌다. 아내의 얼굴은 곧 아들 현이의 모습으로, 그러다 결국 이토벤 자신의 모습으로 돌아왔다.

'모두들 내가 가정이나 직장에서 나 하고 싶은 말만 하고 살아왔다고 하는데, 정작 나의 진심을 표현하지 못한 것은 아닐까?

지금까지 나 자신의 목소리도 제대로 들어주지 못한 것 아닌가?'

이토벤의 숙소를 정리하던 은경은 작업대 귀퉁이의 연장통 아래 감추어진 노트 한 권을 발견했다. 평소 남편이 휴대하던 작은 수첩과는 다른 강의노트 크기였다. 표지에는 낯선 제목이 붙어 있었다. 잠시 망설이다가 은경은 첫 페이지를 열어 보았다.

놀랍게도 첫 페이지에는 강원도에 오던 그날 자신이 남긴 쪽지가 테이프로 잘 붙여져 있었다.

어젯밤 심한 말 해서 미안해요.
현이 바이올린 만드는 거, 당신에게도 힘든 결정이었다는 거 이해해요. 나도 속으로는 당신이 그런 생각을 한다는 것이 기뻤지만 표현하기가 좀 어려웠어요.
현이는 염려하지 마세요. 너무 무리하지 말고, 몸 생각해 가면서 작업하세요. 언제든지 몸에 이상이 오면 바로 입원하겠다는 약속도 잊지 마세요.

敬

그 밑으로 이렇게 적혀 있었다.

아내가 마음의 벽돌 하나를 뽑았다. 감사할 일이다.

노트를 펼쳐 든 한쪽 손끝이 저려왔다. 은경은 페이지를 빠르게 넘기며 읽어 내려갔다.

9월 25일

사랑하는 아들아. 지금 이 아빠는 몸이 좋질 않다. 귀도 잘 들리지 않는다. 많이 힘들고 괴롭다. 이 일기는 너를 위해 남겨둔다. 나중에 네가 성장해서 아빠를 이해할 수 있도록 남겨두고 싶다. 네가 스무 살이 되어서든, 서른 살이 되어서든, 언제고 이 글을 이해할 날이 꼭 올 것이라 믿고 미래의 너에게 글을 남긴다. 매일 쓸 수 있을지는 잘 모르겠지만 틈나는 대로 쓰도록 하마.

지금 아빠한테 가장 중요한 일은 너를 위한 바이올린을 만드는 것이다. 그 바이올린으로 네가 연주하는 모습을 빨리 보고 싶구나.

10월 14일

사랑하는 아들아. 오늘은 신기한 경험을 했다. 아빠는 사람들의 말을 잘 알아듣기 위해 노력 중이다. 나중을 위해 입술 모양을 읽는 훈련도 하고 있다. 주위의 사람들이 불편해할 거라 생각했는데, 오히려 아빠와 얘기하는 것이 편하다는 사람도 있다. 듣기 위해 노력하고 집중하는 태도가 상대에게는 좋은가 보다. 아프지 않을 때도 이렇게 다른 사람들의 말을 잘 듣기 위해 노력했더라면 좋았을 텐데. 특히 네 엄마가 얼마나 좋아했을까 하는 마음이 들어 후회가 되기도 한다. 하

98

지만 지금 이 순간은 무엇보다도 너에게 이렇게 글을 남길 수 있어서 감사하다.

10월 16일

아들아, 오늘도 바이올린 연습 많이 했니? 아빠는 귀가 불편해지면서 네가 연주하는 음악을 영영 듣지 못하게 될까봐 걱정이 된다. 그러나 다행히 아직은 괜찮다. 아빠의 목표를 완성한 후에는 열심히 치료받을 생각이다.

그런데 귀가 불편하니까 좋은 점도 있다는 것을 알게 되었다. 듣기 연습을 하면서 전에는 미처 생각하지 못했던 '발견'이라는 선물을 얻게 되었단다.

몸의 귀는 불편하지만, 오히려 마음의 귀가 조금씩 열리는 것 같다. 너에게는 좀 어렵게 들릴지 모르겠다만, 아빠는 요즘 주변의 모든 것에서 새로운 발견을 하고 있단다.

우선 아빠 스스로에 대해 새로운 발견을 했어. 나 자신의 마음에 귀를 기울여 보니 아빠가 어떤 사람이었는지를 조금 알게 되었다. 그리고 아빠가 진정으로 원하는 것이 무엇인지도 알게 되었어. 그렇게 상대의 마음을 읽으려고 하면서 그들의 소리가 조금씩 들리기 시작했어. 그건 또 다른 발견이야. 그 사람의 마음 소리가 들리면, 완전히 새로운 사람처럼 보여. 아들아, 아빠는 네 마음에 귀를 대고 그 소리를 듣고 싶다.

'그이에게 어떤 변화가 일어나고 있는 것일까?'

은경은 호기심과 기대 때문에 노트를 놓기 어려웠다. 다음 페이지를 넘기자 한 통의 카드가 끼워져 있었다.

그런데 이상한 것은 카드 겉봉의 보내는 사람과 받는 사람이 모두 남편의 이름으로 되어 있다는 사실이었다.

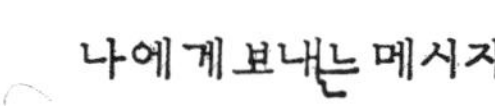

나를 위한 경청

*

발견發見하자

*

판단하려는
나를 비워내고
내면에 귀 기울이면
새로운 나를 발견할 수 있다.

미뉴에트 공감

소통의 힘

황독사는 신이 났는지 빙하기와 스트라디바리의
관계에 대해서 한참 동안 구구절절 설명을 이어갔다.
가끔씩 이토벤이 메모를 잘 하도록 기다려 주기도 하였다.

콩쿠르 준비에 모두들 여념이 없었다. 3팀 사람들은 자신이 느끼는 소외감에 대한 분노를 출품 작업에 쏟아 붓고 있는 것처럼 보였다. 누구 한 사람 입도 열지 않고 하루 온종일 사운드박스를 만들고, 퍼플링을 새겨 넣고, 브릿지를 깎고, 몰드에 블록을 새로 끼우고, 라이닝을 했다. 이토벤 역시 분위기에 몰입하여 뒤판 작업에 박차를 가했다. 그러나 공명통에게 검사를 받을 때마다, '지난번보다는 좀 낫네' 라는 말과 함께 이토벤의 뒤판은 작업대 모퉁이에 여지없이 박살이 나고 있었다. 그게 벌써 다섯 번째였다.

그럼에도 이토벤은 팀원들에게 기회만 되면 말을 걸어보려고 노력했다. 독순술 연습에는 일대일 대화만큼 훌륭한 실습도 없었다. 미리 질문을 준비하고 상대방의 마음과 하나되는 것에 초점을 맞추라던 구 박사의 가르침을 따라 팀원들과의 대화를 한 사람씩 시도해보았다. 처음에는 귀찮아하던 팀원들도 시간이 지나면서 조금씩 그에게 마음을 열기 시작했다.

"팀장님."

강 팀장이 잠깐 쉬면서 담배를 피워 물고 있을 때, 이토벤이 슬쩍 옆으로 다가가 말을 걸었다.

"왜요, 이토벤 선생. 뭐 불편한 거라도 있어요?"

"아닙니다. 모두 열심히 준비하는데…… 저도 덕분에 뒤판 작업의 감각을 잘 익히고 있는 중입니다. 번번이 박살이 나곤 하지만요."

구 박사는 상대방의 마음을 여는 가장 좋은 방법은 질문을 하는 것이라고 했다. 이토벤은 그가 알려준 질문법을 되새겼다.

'질문을 할 때는 그동안 관찰해본 결과를 토대로 구체적인 예를 들어가면서 짧게 상대를 칭찬해준다. 진심이 담긴 칭찬을 받은 사람들은 예외 없이 마음의 문을 여는 법이다.

"팀장님을 뵐 때마다, 참 대단한 분이라는 생각이 듭니다. 구조 조정 때 큰 어려움을 겪으시면서도 한마디 불평 없이 묵묵히 헤쳐 나가시는 모습이 존경스럽습니다."

이토벤은 쑥스러운 듯 뒤통수를 긁적이며 질문을 던졌다.

"그런데 팀장님은 늘 뭔가를 고민하고 있는 것처럼 보입니다. 콩쿠르 출품 문제 말고 다른 무언가에 몰두하는 것이 있거나요. 아니면 뭔가 풀어야 할 과제를 안고 있는 것 같아요."

"이 선생은 이제 점쟁이가 다 됐군요."

강 팀장이 굳은 표정을 풀며 대답을 했고, 이토벤은 용기를 내어 본론을 꺼냈다.

"답답한 문제가 있을 때, 그저 누군가에게 이야기를 하는 것만으로도 도움이 된다고 합니다. 저야 이곳에서 이방인 같은 존재이니 팀장님만 괜찮으시다면 제가 들어 드릴 용의가 있습니다."

"그런 제안은 정말 의외로군요."

강 팀장은 꽁초를 재떨이에 비벼 껐다. 한두 차례 손바닥을 비비면서 뜸을 들이더니 말을 이었다.

"이토벤 선생. 그럼 내 얘기를 한번 들어 보실래요? 꽤 지루할 텐데, 끝까지 들어줄 자신 있어요?"

"그럼요. 제가 요즘 독순술로 듣기 훈련을 하고 있지 않습니까? 저에게도 큰 도움이 됩니다."

두 사람은 아예 녹차를 한 잔씩 가져다 놓고 본격적으로 대화를 시작했다.

"제 꿈이 뭔지 아세요?"

강 팀장이 던진 첫마디였다. 그 말을 듣는 순간 이토벤은 바이올린을 만들려는 자신의 꿈을 떠올렸다.

"스트라디바리 같은 명품바이올린을 만드는 거 아닌가요? 현악기 제작자라면 누구나 자기만의 명품을 남기고 싶어하니까요."

"맞기도 하고, 틀리기도 합니다."

팀장의 얼굴에 오랜만에 화색이 돌았다. 이토벤은 온몸의 신경을 팀장의 입술과 표정, 태도에 집중하면서 한마디도 놓치지 않으려고 혼신의 힘을 다 기울이고 있었다. 이토벤의 태도는 상대가 스스로 자기 애기를 꺼내놓을 수 있는 분위기를 만들어 주었다. 온몸으로 집중해서 들어주는 사람이 앞에 있다면 누군들 흥이 나지 않겠는가.

"제 꿈은 실은 수제현악기 제조가 아닙니다."

뜻밖의 애기가 팀장의 입에서 흘러 나왔다.

"스트라디바리와 1밀리도 틀리지 않는 치수에 정확한 모양과 소재, 그리고 바니시 칠을 갖춘 교육용 바이올린의 대량생산을 이루어 내는 것이 바로 저의 꿈이에요."

이토벤은 구 박사 덕분에 중요한 대목을 다시 묻곤 하는 버릇이 생겼다.

'말하는 사람은 되물어 주는 것을 좋아한다. 상대가 자신에게

집중하고 있다는 것을 확인할 수 있기 때문이다.'

"스트라디바리와 동일한 치수, 소재, 칠을 한 바이올린의 대량 생산이요? 그게 어떻게 가능하죠?"

강 팀장은 약간 열이 오르는 듯, 물 한 모금을 들이키고 다시 말을 이었다.

"지금 전 세계적으로 모든 저가 교육용 바이올린은 프레스 공법을 사용하고 있는 거 아시죠?"

홍보팀 시절 공장에 취재를 많이 다녔기에 이토벤도 그 정도는 알고 있었다.

"그럼요, 팀장님. 프레스 공법은 일본의 스즈키사에서 시작되어 전 세계로 퍼진 공법이잖습니까? 뒤판과 앞판을 만들 때 목재를 틀에 맞추어 찍어 눌러 만드는, 그래서 대량생산이 가능한 것으로 알고 있는데요."

"프레스 공법으로는 결코 좋은 음질을 낼 수 없다는 것도 아시겠죠? 나무는 나름대로 결이 있어요. 부위마다 다 다르고 압축 정도도 다른데, 이것을 하나 같이 똑같은 틀에 맞추어 찍어 누르는 것이 프레스 공법이죠. 소리판에 기포가 생기기도 하고 시간이 지나면서 나무의 복원력 때문에 사운드박스가 미세하게 뒤틀리게 되어 제대로 된 공명을 만들어 내기 어렵죠."

이토벤은 팀장의 말에 고개를 끄덕였다. 중간에 메모도 잊지 않았다. 분명하지 않은 부분은 다시 물었다.

"이토벤 선생과 이런 깊은 얘기까지 나누게 될 줄은 생각지도 못했습니다. 그리고 이 선생과 대화하는 동안 정말 편안하고 즐거운 느낌이 들었어요."

강 팀장의 말에는 진심이 묻어났다. 이토벤이 미처 대꾸를 하지 못하고 우물거리자 팀장의 말이 계속 되었다.

"우리 팀원들도 그렇고 본사 임원들도 그렇고 대부분의 사람들은 남의 말에 귀 기울여 주는 법이 없습니다. 모두 자기 판단과 생각으로 가득 차 있죠. 물론 저도 마찬가지일 겁니다. 상대의 말은 들을 생각도 하지 않고 조금의 틈만 생기면 말을 자르고 비집고 들어와서 자신의 경험과 생각을 주장하죠. 결국 상대는 하려던 말은 꺼내보지도 못한 채 씁쓸하게 입을 닫고 맙니다."

강 팀장은 길게 담배 연기를 내뿜었다.

"그런데 이상하네요. 이 선생과 얘기하면 무언가 달라요. 방금 그걸 깨달았어요. 이 선생은 말을 자르고 들어오지 않는단 말이죠. 전에 말씀하신 대로 마음을 비우고 계셔서 그런가요?"

이토벤은 과거와는 달라진 자신의 낯선 모습이 스스로 어색해 얼굴을 붉혔다. 그리고 쑥스러운 듯 미소를 지으며 말했다.

"아무래도 팀장님 말을 끊어야 하겠네요. 그러니까 팀장님이 구상하는 방식은 완전히 다른 제작법인가요?"

"그렇습니다. 제가 생각하는 방식은……."

강 팀장은 잠시 말을 끊고서, 힘주어 말을 이었다.

"저의 구상은 프레스 공법을 획기적으로 대체할 카브드carved 공법입니다. 마이스터 공법이라고도 하죠. 핵심을 말하자면 수제 현악기 제조 장인들이 손으로 깎아 만드는 방식을 그대로 기계화하는 겁니다."

강 팀장은 한숨을 몰아쉬더니 주위를 둘러보았다. 다행히 작업실에는 두 사람뿐이었다. 식사시간이라 모두들 자리를 비우고 없었다.

"기술개발팀이 해체된 후 주위에 알리지 않고 거의 1년이 넘게 혼자 추진하고 있어요. 집에 작업실을 만들어 놓고 밤을 새워 가면서 고민을 거듭하고 있는 중입니다. 아마도 제가 그런 표정을 보인 것은 그 때문일 거예요."

"카브드 공법이라고 하셨나요?"

"그래요. 이 공법은 나무를 찍어 틀을 만드는 것이 아니라, 나무를 깎아 틀을 만드는 겁니다. 수제현악기 작업과 똑같은 원리와 방법대로 하되, 깎는 작업만 완전 자동화해서 기계로 깎아내는 거죠. 이런 방식으로 대량생산에 성공한 예는 세계적으로도 아직 없어요. 그래서 더욱 어렵기는 하지만, 이제 문제를 거의 다 풀어가고 있습니다."

"정말 놀라운 일이네요, 팀장님. 현악기시장의 판도를 확 뒤집어 놓을 대사건이 되겠는데요?"

"생각만 해도, 저도 흥분이 됩니다. 그런데 아직 풀어야 할 문제가 많습니다."

"그게 뭐죠, 팀장님?"

강 팀장은 대답 대신 이토벤을 뚫어져라 쳐다보았다. 잠시 후 강 팀장이 만면에 미소를 띄우며 대답했다.

"진짜 문제는 오늘 이토벤 선생이 풀어준 것 같습니다. 사실 요즘 저는 그 꿈을 포기해야 하는 것 아닌가 하는 생각을 하고 있었습니다. 그런데 오늘 이 선생과 얘기하면서 다시 해봐야겠다는 의지가 생겼습니다, 하하."

황독사도 이토벤의 독순술 연습 대상이 되었다. 처음에는 완고하게 질문에 딴청을 보이더니, 조금씩 이토벤과의 소통에 흥미를 갖는 듯했다.

"이봐요, 이토벤 선생. 혹시 스트라디바리가 왜 명품이 되었는지 알고 있소?"

목재의 특성에 대한 질문으로 황독사에게 접근했는데, 황은 갑자기 스트라디바리 이야기로 말문을 열었다.

"설이 분분한 것으로 알고 있는데요."

"그렇지. 그런데 최근에 재미있는 얘기를 들었어요. 태양 흑점 활동의 변화가 스트라디바리의 비밀이라는 거예요."

"태양 흑점의 변화요?"

이토벤은 황독사의 얼굴을 똑바로 바라보았다. 농담인지 진담인지 구별이 잘 안 되는 묘한 입 모양이었다.

"태양 흑점의 변화로 생긴 지구의 기후변화가 나무의 성장을 저해하는 바람에 나무의 밀도를 높이고 단단해지게 만들었다는 겁니다. 그리고 이러한 나무가 바이올린 제작에 쓰였다는 거죠."

'말이 거칠어서 무식한 줄 알았더니 꽤 아는 게 많으시네.'

이토벤은 황독사의 눈을 다시 쳐다보았다.

"17세기에 스트라디바리가 만든 현악기는 약 1천 1백여 점이 조금 넘죠. 현재까지 남아있는 것은 650점 정도라고 합니다. 그 중에 바이올린은 1백여 점밖에 안 된다는데 현재까지도 완벽한 상태로 남아 있어요. 하지만 실제로 저명한 연주자들이 사용하는 것은 50여 점에 불과합니다."

두 사람의 대화가 신경 쓰였는지 공명통이 아예 대화에 끼어들었다.

"스트라디바리는 94세까지 바이올린을 만들었지만 그 비법을 아무에게도, 심지어는 그의 아들에게조차도, 알려주지 않았다고 합니다. 나도 바니시에 관심이 많아서 공부를 많이 해봤는데, 스트라디바리도 칠이 특별하기 때문에 좋은 소리를 낸다는 설이 파다했었죠. 그러나 역사학자들은 스트라디바리우스의 동체 칠이 그다지 특별한 것은 아닌 것 같다고 합니다. 당시 일반 가구에 칠하던 유약과 크게 다르지도 않고, 원래 발라져 있던 유약의 대부분이 벗겨져 19세기 무렵 새로 덧칠한 경우도 많았다고 하니까 말이죠."

황독사가 빠르게 말했다. 잘 알아듣기 어려웠지만, 이토벤은 굳이 토를 달지 않기로 했다. 그는 연신 손바닥을 비비면서 말을 이었다.

"최근에 미국의 나무 나이테 전문가와 기후학자가 가장 그럴듯한 새 이론을 제시했는데, 그 얘기가 아주 재밌더군요. 나무가 자랄 때의 기후가 우수한 질의 음향을 만드는 나무 밀도에 어떤 영향을 미친다는 것인데, 유럽 지방의 소빙하기 때의 기후를 지목했어요. 이건 다 스노우퀸한테 들은 얘기인데, 맞지? 눈의 여왕 아가씨?"

황독사는 마침 커피를 들고 지나가던 스노우퀸을 불렀다.

'눈의 여왕이라서 빙하기 애기에 관심이 많은 건가?' 이토벤은 괜히 웃음이 났다.

"이토벤 선생님은 뭐가 그렇게 재밌으세요? 맞아요. 그 애기는 제가 독일에 있을 때 직접 들었어요."

그녀는 자신이 독일에서 공부할 때 교수에게 배운 적이 있다고 하면서 슬쩍 대화에 끼어들었다.

"유럽에서는 1400년대 중반부터 1800년대 중반까지 소빙하기가 있었어요. 그때 나무의 성장이 지연되었는데, 알프스의 가문비나무들이 예외적으로 단단하고 큰 밀도를 갖게 되었다고 해요. 특히 1645년에서 1715년까지 70년 동안이 가장 추웠대요."

스노우퀸을 바라보는 황독사의 얼굴에 화색이 돌았다. 그녀가 자신의 말을 지지해주자 기분이 좋아진 것이다. 이토벤이 합류한 이래 팀원들이 함께 웃으며 대화를 나눈 것은 이날 밤이 처음이었다.

황독사는 신이 났는지 빙하기와 스트라디바리의 관계에 대해서 한참 동안 구구절절 설명을 이어갔다. 가끔씩 이토벤이 메모를 잘 하도록 기다려주기도 하였다.

"좁은 나이테는 나무의 밀도를 더 높여 주었겠지. 그래서 바이올린이 더 강하게 만들어졌다는 것이군요."

뒤에서 조용히 듣기만 하던 강 팀장이 한마디 거들었다. 17세기 후반과 18세기 초반에 이탈리아를 중심으로 유난히 많은 명품 바이올린이 생산되었다는 것을 감안하면 충분히 근거가 있는 주장이라는 이야기까지 덧붙였다. 그때였다. 공명통이 뜻밖의 이야기를 꺼냈다.

"치악산의 보물이라는 거, 들어보신 분 있죠?"

모두들 눈을 동그랗게 뜨고 공명통을 쳐다보았다. 그는 회사의 창립멤버로 강원도 공장의 터줏대감이었다. 그래서 이 지역을 자기 손금처럼 꿰고 있었다.

"지나가는 얘기로 들어본 것 같기도 한데, 나무 노인인가 누군가 하는 그 얘긴가요?"

황독사가 고개를 갸웃거리면서 기억을 더듬고 있을 때 공명통이 설명을 시작했다.

"맞소. 공장 초기에 함께 일했던 선배 장인에게 들은 거요. 치악산 어딘가에 아주 오래된 가문비군락이 있답니다. 얼마나 목재 밀도가 좋은지, 선배도 한번 보고 홀딱 반해버렸다죠."

"정말이세요? 근데 왜 그걸 채취해오지 않았대요?"

스노우퀸이 눈을 반짝이면서 그를 추궁했다.

"정확히 어디인지 그 장소를 아는 사람은 나무 노인밖에 없다고 하더군. 회사에선 신경을 쓰지 않았고, 선배 혼자 애태우다가 제풀에 주저앉았지. 나도 기회만 되면 그걸 한번 찾아보려고 했는데 일에 묻혀 지내다 보니 이 핑계 저 핑계로 아직까지도 생각뿐이오."

이토벤의 머리에 퍼뜩 한 가지 생각이 스쳤다. 그는 어렴풋이 아들을 위한 바이올린은 최고의 재료로, 무언가 특별한 의미가 있는 재료로 만들고 싶다는 생각을 하고 있었다. 공명통이 치악산의 보물 이야기를 하는 순간, 바로 그 나무야말로 적당한 목재라는 생각이 들었다.

영혼의 귀

자연의 품에 안겨서 오랜 시간을 머물러 살 수 있다면
만물의 소리에 귀가 열릴 수 있겠다는 생각이 들었다.
이토벤은 노인과 좀더 많은 시간을 보내고 싶었다.

사흘 분의 비상식량과 물을 준비했다. 텐트와 담요도 잘 말아 챙겼다. 소리 채집을 위해 많이 돌아다녔기에 산 타기에는 나름대로 자신이 있었다. 물론 성치 않은 몸 상태가 문제였지만 지금 이토벤에게는 치악산의 보물을 찾는 것이 더 중요했다. 이토벤이 열의를 보이자 공명통은 지난 기억을 되살려 나무 노인이 산다는 오두막의 위치까지 직접 그려주었다.

"군락지에 대한 얘기는 분명치 않아요. 더구나 군락을 찾는 일은 천천히 해도 됩니다. 나무를 베어온다 해도 악기에 쓰려면 한 십 년은 기다려야 하니까. 나무 노인을 찾으면 길이 생길 거요.

그 노인이 목재를 가지고 있을지도 모르고. 산자락에서 마을 사람들에게 잘 물어 확인하고 올라가 봐요."

공명통은 말끝을 흐렸다. 정작 이토벤이 배낭을 메고 나서자 은근히 걱정이 되는 모양이었다.

"나무 노인을 만나든 못 만나든 자주 연락해요. 찾기 힘들면 절대로 무리하지 말고 바로 내려와야 합니다."

그러나 이토벤의 마음은 달랐다.

~

"아니. 그게 말이나 되는 소립니까?"

강 팀장이 버럭 화를 내었다. 공명통의 표정에 어두운 그림자가 스쳤다.

"벌써 이틀째에요. 무슨 사고라도 났으면 어쩌려고 지도까지 그려주며 부추겼습니까? 더구나 정확하지도 않은 정보라면서요."

"하루 이틀 찾아보다가 포기하고 금세 내려올 줄 알았죠. 이렇게까지 문제가 커질 줄은 몰랐네요. 사람 참, 어째 이렇게."

팀원들은 모두 걱정하고 있었다. 경찰에 신고하자는 주장도 있었다. 결국 하루를 더 기다려 본 후에 결정하자고 의견을 모았다.

"핸드폰은 끊긴 지 얼마나 되었죠?"

"어제 아침까지는 통화가 되었어요. 힘은 들지만 조금만 더 올라가면 나무 노인이 사는 계곡에 도달할 수 있을 것 같다고 하더군요. 늦어도 오늘 저녁이나 내일 오전에는 연락이 올 것 같으니 좀더 기다려보십시다.”

'여기가 어디지?'

주위에서 인기척이 느껴지지 않았다. 빛이 들어오는 쪽을 더듬어 문을 밀어 보았다. 이내 자그마한 마당이 눈에 들어왔다. 초겨울의 차가운 바람이 방안으로 밀려들어왔다. 주위를 둘러보니, 허름한 오두막이었다. 다행히 방안은 따뜻했다. 장작을 때고 있는지, 매캐한 연기가 한쪽에서 피어오르고 있었다.

이토벤은 귀를 만지며 소리를 내어 보았다. 조금 먹먹하기는 했지만 감각은 멀쩡했다. 고된 산행을 마친 다음날처럼 온몸이 뻐근했고 왼쪽 발목이 유난히 시큰거렸다. 기억을 되살려 보았지만 이곳에 오게 된 경위는 전혀 생각나지 않았다.

'아마도 어지럼증 때문에 발을 헛디딘 모양이군.'

다시 방 안을 살펴보니 전화니 텔레비전이니 변변한 문명 시설이 하나도 없었다. 다만 한쪽 벽 전체를 가리다시피 나무판으로 얼기설기 짜놓은 책장 위로 상당한 분량의 책이 쌓여 있는 것이 눈에 들어왔다. 걱정하고 있을 공장 사람들에게 연락해야 한다는 생각이 들면서 마음이 급해졌다.

"정신이 좀 드시나?"

웬 노인이 방문을 열고 들어왔다. 깡마른 체구에 하얗게 샌 머리, 검게 그을린 피부 덕분에 차돌 같이 단단해 뵈는 노인이었다.

"발을 헛디딘 게지. 큰일 치를 뻔했소. 손님은 명줄을 길게 타고 난 모양이오. 계곡 아래로 바로 떨어졌다면 명을 부존하기 어려웠을 거요. 나무 뿌리가 손님 은인이오. 하기는 내가 조금 일찍 산을 내려왔어도 마찬가지였겠지만. 하늘이 도운 줄 아시게."

이토벤은 몸을 일으켜 노인에게 고마움을 표했다.

"헌데 몸도 부실한 양반이 산골은 무슨 일로 헤매고 있었소?"

이토벤은 악기를 만들고 있으며 좋은 목재를 구하기 위해 나무 노인을 찾고 있었노라 대답했다. 그러고는 잔뜩 기대를 가지고 노인의 얼굴을 살폈다.

"금시초문이오."

노인의 입에서 나온 말은 퉁명스러웠다. 노인은 50년 넘게 산삼과 약초를 캐러 다니는 심마니라고 했다. 젊어서부터 전국을 뒤지고 다니다가 이십여 년 전부터 이곳에 머무르고 있다는 것이었다. 나무 노인이 아니라 심마니라 해도 이토벤의 목적을 달성하는 데 도움을 받을 수 있을 것이다. 희망이 솟은 이토벤이 다시 보물 이야기를 꺼냈다.

그러자 노인은 그 따위 보물 얘기는 평생 들어본 적이 없노라고 일축했다.

"이 산에 오랜 가문비군락지가 있다고 하던데요."

"가문비나무야 지천으로 있지. 허나 그게 당신이 말하는 보물인지 뭔지는 아닐 게요."

낙심천만한 표정으로 입을 다물고 있는데 노인이 지나가는 소리로 우물거렸다.

"젊어서 희귀한 가문비나무 군락을 본 적은 있지. 그런데 지금은 갈 수가 없어."

"뭐라고 하셨습니까? 보신 적이 있다고요?"

이토벤의 말을 못 들었는지 노인은 볼 일이 있다며 그대로 방을 나가버렸다. 이토벤은 머리가 복잡해졌다.

잠시 후에 노인이 불쑥 방문을 열더니 말했다.

"근처 산채에 다녀 오려는데 연락처를 주시게."

이토벤은 산길을 걸을 형편이 못 되니 산채에 내려가는 길에 연락해주겠다는 거였다.

공장의 전화번호를 가지고 노인이 떠난 후 이토벤은 다시 홀로 남았다. 사방이 산으로 막혀 있어 마치 우물 속에서 하늘을 바라보는 듯한 형상이었다. 천혜의 요새와도 같아 포근한 기운이 감돌았다.

밤이 이슥해지자 기온이 급히 떨어졌다. 아랫목에 누운 이토벤의 귀에는 멀리 산을 휘돌아오는 바람이 계곡의 물을 만나 반가운 밀회를 하는 것 같았다. 그 소리가 궁금해진 이토벤은 점퍼를 껴입고 마당으로 나섰다. 자연이 만드는 소리는 오묘했다. 대숲의 기억이 되살아났다. 쌀쌀한 초겨울 바람을 맞으며 숨을 깊게 들이쉬었다. 찬 기운이 뱃속 깊이까지 내려가 정신을 맑게 했다.

노인을 기다린 것은 아니었지만 밖에서 한참을 떨고 있어도 사람의 모습이 보이지 않았다. 노인은 밤늦게야 산막으로 돌아왔다.

"밤에 혼자 다니시려면 외롭지 않으세요?"

"손님이라면 어떨 것 같소?"

노인이 화로에 불을 지피며 되물었다. 이토벤은 노인의 눈을 살폈다.

"내가 산에서 이렇게 산 지가 거의 반백 년이 넘었을 게요. 그러니 산과는 아주 친해졌지. 산에 사는 모든 것들이 나의 친구야. 정확히 말하자면 내가 이 산의 일부가 되었다고 표현하는 것이 옳을 게요. 친구들이 들려주는 소리를 듣고 있노라면 전혀 외롭지 않지."

"친구들이 들려주는 소리라뇨?"

"만물은 모두 자기의 고유한 소리가 있다네. 새소리, 물소리, 바람 소리…… 심지어 저기 하늘에 떠 있는 달도 자기의 소리가 있지. 태양도, 구름도 모두 저마다의 말로 계속 뭐라고 얘기하는 거야. 손님 귀에는 안 들리던가?"

이토벤은 노인이 돌아오기 전에 마당을 서성이던 자신의 모습이 생각나서 가만히 웃었다.

"한평생 그렇게 다니다 보니 그 소리들이 조금씩 들린다네. 언제부턴지는 몰라도. 그래서 이제는 외롭지 않아. 그리 놀랄 일은 아니지. 손님도 나처럼 산에서 살다 보면 듣게 될 거요."

이토벤은 자기도 모르게 고개를 끄덕였다.

"어떻게 설명해줄 수 있는 것은 아니고, 그냥 터득했을 따름이오. 눈을 감고 나무에 기대어 나무의 호흡을 상상하면서 숨을 고르면 신기하게도 나무의 기운이 전해지지. 나무가 하는 말을 듣게 된다고. 재미있는 것은 꽃도, 나무도 서로 서로에게 말을 걸고 대답을 한다는 거야. 자세히 들어보면 미물들까지 서로 자기들의 언어로 이야기를 나누고 있는 걸 알 수 있지. 우리 인간들의 귀에 들리지 않는 것일 뿐, 온 우주는 서로에게 끊임없이 얘기하고 있는 거요."

자연의 품에 안겨서 오랜 시간 머물러 살 수 있다면 만물의 소리에 귀가 열릴 수 있겠다는 생각이 들었다. 이토벤은 노인과 좀 더 많은 시간을 보내고 싶었다. 그러나 마음 한편으로 바이올린 제작을 위해 쓸 수 있는 시간이 많지 않다는 압박감에 괴로웠다.

그렇지만 발목의 부기가 빠질 때까지는 이곳에 머물 수밖에 없다. 지내는 동안만이라도 조바심을 내려놓는 게 옳을 것이다.

노인은 사람의 마음을 꿰뚫는 재주가 있는지, 이토벤에게서 느껴지는 초조함의 근원에 대해 물었다. 이토벤은 자신의 청력에 이상이 있다는 것을 고백하고 공장 3팀의 문제에 대해서도 털어놓았다.

"진정으로 중요한 것은 귀로 들을 수 있는 것이 아니지."

"예, 어르신. 저는 요즘 눈으로 상대의 입술을 읽는 방법을 터득해나가고 있습니다."

노인은 고개를 저었다.

"내 말은 그게 아니오. 사람들은 많은 말들을 하고 살아가지. 그러나 그 많은 말들을 듣는다고 해서 우리가 그 사람의 마음의 소리까지 들을 수 있는 것은 아니라는 거요. 중요한 것은 사람들 마음에서 우러나오는 진정한 이야기를 들을 수 있어야 한다는 말이지."

"대부분의 사람들이 그렇게 잘 듣고 있지 않나요?"

이토벤이 노인에게 되물었다.

"사람들은 자신의 속마음을 누구에게도 제대로 털어놓지 못하는 법이오. 상처 받을까봐 두려운 게지. 자신의 말을 제대로 들어주지 않는 사람들로 둘러싸여 있다 보니, 어느새 사람들은 자신의 진정한 속마음은 꼭꼭 숨겨 놓은 채, 마음에도 없는 말들만 늘어놓게 되는 것 아니겠소?"

"글쎄요. 꼭 그렇기만 할까요?"

이토벤은 엉뚱한 소리를 계속 해대는 노인의 심사가 궁금했다. 노인은 문득 옆에 놓인 투박한 찻잔을 들어 이토벤에게 내밀었다.

"차 한 잔 드시게나."

잔에는 식어버린 찻물이 반쯤 차 있었다. 아마도 노인이 마시던 것인 듯싶었다. 이토벤이 받아들자 노인은 차를 따르려 했다. 이토벤이 망설였다.

"이보시게, 내가 주는 물맛을 보려면 먼저 자기 잔을 비워야 하지 않겠나?"

이토벤은 어쩔 줄 모르고 잔을 든 채 노인을 바라볼 뿐이었다.

"이미 가지고 있는 고정된 생각을 버리시게나. 이 잔이 쓸모가 있는 이유는 뭔가? 그것은 잔이 비워져 있기 때문일걸세. 기억하시게. 남의 말을 들으려면 먼저 자신의 마음을 비워야 한다는 것을. 그것이 세상의 도리요, 자연의 이치라네."

노인은 잔을 뺏어 자기 입에 털어 넣고는, 찻물을 한 잔 가득 따라 이토벤에게 건넸다. 노인은 투박하지만 날카롭게 핵심을 건드리고 있었다. 그런데도 더할 나위 없이 편안한 느낌이 들었다. 계속 무언가를 얘기하고 싶은 마음이 솟아났다.

"내가 산속에서 살면서 터득한 것들이 많은데, 그 중에 가장 귀한 것이 바로 자연 만물이 대화하는 방식이오. 그들은 서로에게 귀 기울이지 않는 법이 절대로 없지. 낮은 밤에게 밤은 낮에게. 들리는 소리는 없지만, 서로가 서로를 사랑으로 감싸며 진정으로 필요한 이야기들을 들려준다네. 자연 만물이 장구한 세월 동안 단 한 치의 어김없이 때를 따라 풍성한 결실을 맺고 온전히 순환하는 이유가 뭐라고 생각하나?"

"서로에게 귀를 기울이기 때문인가요?"

"바로 그렇지. 자연 만물에 생명의 약동이 가득한 것은 그들이 서로를 거스르는 법이 없기 때문이지. 자연은 서로에게 귀를 닫는 법이 없거든."

노인과의 대화는 계속되었다. 이토벤의 몸은 물먹은 솜처럼 무거웠다. 하지만 이 밤처럼 깊은 대화에 빠져본 적이 없었다.

"사람들은 세상에서 지식을 얻지. 하지만 지혜는 자연이라는 책에서만 얻을 수 있는 것이지. 잘 생각해보시게나."

아무래도 노인은 산속에 묻혀 사는 평범한 심마니가 아니었다.

"모든 것을 귀로 듣지 말고 마음으로 들어야 한다. 이건 공자님 말씀이 아니라 자연이 내게 가르쳐준 게야."

"그런데 마음으로 듣는다는 게 쉽게 이해되는 것 같으면서도 알 수 없는 말입니다."

"마음으로 듣는다는 게 알 것 같으면서도 알 수 없는 말입니다."
"듣고자 하는 마음이 있어야 진실이 입을 여는 법이오."

이토벤은 솔직하게 물었다.

"공자도 나이 육십이 되어서야 귀를 열고 순하게 듣는 이순耳順의 경지에 도달했다지 않소. 그러니 세속의 사람들이야 제대로 듣기가 얼마나 어렵겠나 말이야."

노인은 책장 쪽을 가리키며 말을 이었다.

"마음으로 듣는다는 것은 아마도 입 밖으로 드러나지 않는 말, 즉 소리 없는 소리를 듣는다는 뜻일 게요. 소리 없는 말이 무엇이오? 바로 마음의 소리가 아니겠소? 그래서 장자도 '말 없는 무언의 말을 들어야 한다'고 했던 거지."

'귀라고 하는 감각 기관으로만 받아들이고, 마음이 작용하지 않는다면 음성이 들리더라도 참다운 의미나 내용은 알 수가 없다는 말이 아닐까?'

"그렇다면 결국 이것은 바른 마음가짐을 뜻하는 건가요?"

"바로 맞혔네. 진실로 밝은 빛은 보이지 않고, 진실로 커다란 소리는 들리지 않는다 했지. 바른 마음가짐을 가질 때에만 들을 수 있고 볼 수 있다는 것이지. 듣고자 하는 마음이 있어야 진실이 입을 여는 법이라네."

이토벤은 뭔가를 알 것도 같았다. 그러나 여전히 분명하게 손에 잡히지는 않았다. 그 마음을 짐작이라도 하듯 노인이 미소를 지으며 말했다.

"하지만 마음으로 들었다 해도 아직 충분하지 않아. 마음을 공허하게 비웠을 경우에만 자연이 주는 지혜의 목소리를 들을 수 있지. 사람들 사이에서도 마찬가지야. 내가 마음을 비우고 준비가 되면 상대는 진실을 들려주게 되지. 그건 자연의 생명이 서로 주고받는 것과 같네. 마치 영혼의 귀가 열리는 것과 같지. 영혼의 귀를 가진다는 것은 자연이 주는 축복이라네."

노인과의 대화가 마치 직접 스트라디바리를 연주하며 완전한 공명을 체험하는 것처럼 느껴졌다. 명품악기는 초보자가 활을 그어도 레이저 광선과 같은 깊은 소리로 진한 울림을 선물한다. 노인과의 대화가 그랬다. 이토벤은 전에 경험해보지 못한, 아름다운 대화의 공명을 체험했다.

그 밤에 이토벤은 자신이 청력을 잃어가는 것이 종양 때문이며 몇 달 후에는 죽음에 이를 수도 있다는 사실을 노인에게 털어놓았다. 노인은 물끄러미 이토벤을 바라보았다.

"여름이 가면 겨울이 온다는 것을 누구나 알지. 그러나 사람들은 마치 봄이 영원하다는 생각으로 사는 것 같아. 인생의 봄도 한철이야, 여름도 그렇고. 인생의 겨울이 온다는 것을 두려워하지 말게나. 잎이 떨어지고 앙상한 가지만 남게 된다는 것을 무서워하지 말게나."

어느 틈에 잠이 들었는지 더운 아랫목에 누워 있던 이토벤이 눈을 떴을 때 노인은 벌써 일어난 듯 이부자리가 정리되어 있었다. 문 틈으로 새벽 기운이 스며들었다.

노인이 방으로 들어오는 인기척을 느끼고 이토벤이 몸을 일으켜 앉자 노인은 뜻밖의 질문을 했다.

"아이를 위해 악기를 만들고 있다고?"

"그동안 아이에게 해준 것이 아무것도 없었어요. 이대로 그 아이 곁을 떠나고 만다면, 저는 잘못만 저지른 채 아이와 아내를 버린 놈이 된다는 생각으로 괴로웠습니다. 제 육체와 영혼이 스며 있는 유산을 남겨주고 싶었습니다. 제가 잘못되더라도 아이에게 그 바이올린으로 연주할 때마다 함께 있다는 느낌을 주고 싶습니다. 바이올린에 제 영혼이 깃들 수 있다면 아이도 그걸 느끼겠죠?"

이토벤은 낯선 노인에게 하룻밤 만에 이렇게 마음을 열고 속내를 털어놓는 자신이 신기했다.

노인은 말 없이 방문을 열어 젖혔다. 희뿌옇게 날이 밝아 오고 있었다.

"저기 오래된 겨울나무를 보게나. 수백 년 살아온 겨울나무의 위용을 보라고. 푸른 잎은 모두 떨어져 없지만 뿌리와 가지만으로도 얼마나 늠름한가 말일세. 그루터기만으로도 얼마나 대견한

가 말이야."

이토벤은 나무의 거대한 뿌리를 보았다. 푸르고 화려한 시절을 뒤로 하고 거대한 모습으로 강인하게 버티고 있는 나무를 보았다.

"지나간 영광의 시절을 돌이킬 수 없다는 생각에 괴로울 때가 있지. 그러나 슬퍼하거나 아쉬워하지 말게. 뒤에 남은 그루터기에서 사람들은 오히려 위안과 힘을 찾을 수 있다네."

노인의 낮은 목소리가 이토벤의 마음을 울렸다.

"사실은 나도 이 나이가 되어서야 나무가 말해주는 마음의 길을 알게 되었지. 그 이후로는 이렇게 홀로 있어도 외롭지도 않고 죽음이 두렵지도 않게 되었다네. 그것이 자연의 일부라는 것을 받아들이면 마음이 솜털같이 가볍고 부드러워져. 마음속에 아무 것도 없는 것처럼 가벼워진다고. 그러면 무엇을 잃는다는 것을 자연스럽게 받아들일 수 있게 되지."

피곤에 지쳐 다시 몸을 누인 이토벤은 해가 중천에 떠올라서야 눈을 뜰 수 있었다. 집 주변에 노인의 모습은 보이지 않았다. 그 대신 문밖에 목재가 가지런히 쌓여 있었다. 그건 가문비나무가 틀림없었다. 하루 종일 기다렸지만 노인은 돌아오지 않았다. 그렇게 기다리기를 또 하루가 지났다. 노인이 아픈 부위에 붙여준 약초 덕분인지 이토벤의 몸은 걸을 수 있을 만큼 좋아졌다. 더 이상 지체할 수는 없었다.

산막을 나서며, 마음속에 작은 씨앗 하나가 심어진 느낌이었다.

'만물의 소리를 빈 마음으로 듣는 것은 축복이오.'

산막을 떠나 마을로 걸어 내려오는 동안 의외로 몸이 피곤하지 않았다. 위로를 받고 기운을 충전한 것은 마음만이 아닌 모양이었다.

'사람이든 나무든 그들에게 다가가서 무어라 말하는지 진심으로 들어보게. 육체의 귀는 힘을 잃더라도, 영혼의 귀는 날마다 열리게 될 것이네. 영혼의 귀가 열리는 축복은 바로 자네의 마음에 달려 있다네.'

공장으로 돌아오는 내내 노인의 목소리가 귓전에 맴돌았다.

치악산의 보물

눈앞에서 어떤 사람이 내게 얘기할 때,
그 사람이 소리 내어 말하는 것,
그것이 다가 아니라는 것을 조금씩 깨닫기 시작했어.

이토벤이 무사히 복귀하자 팀원들은 마치 죽었던 사람이 살아온 것처럼 기뻐해주었다. 강 팀장은 직접 차를 몰고 이토벤을 마중 나왔다. 공장에 도착하자 모두들 일손을 놓고 이토벤을 맞아 주었다. 그들의 얼굴에서 진심을 읽을 수 있었다. 그 중에서도 공명통이 가장 크게 반겨 주었다. 이토벤의 산행이 자신의 불찰이라 여겨 마음 고생이 무척 심했던 것이다. 더구나 치악산의 보물을 가져왔다는 얘기를 듣고는 일제히 환호성을 질렀다. 스노우퀸의 눈가에는 물기가 살짝 어리기까지 했다.

"치악산에서 저는 두 가지 보물을 얻었습니다. 목재 외에 새로운 보물 하나를 더 얻어 왔으니 너무 미안해하지 않으셔도 돼요."

이토벤은 팀원들에게 오히려 고마움을 표했다.

"그 노인이 틀림없는 나무 노인일세. 그 노인은 가문비군락을 알고 있는 게 틀림없어요. 이 목재의 건조 상태를 보라고. 훌륭하군."

가문비나무 목재를 본 공명통은 연신 감탄을 했다.

"그런데 도대체 또 다른 보물은 뭐요?"

황독사가 이토벤의 짐을 이리저리 뒤지며 물었다.

모두들 새로운 보물에 대해 궁금하게 생각했지만, 이토벤은 잔잔한 미소로 대답할 뿐이었다. 그는 이제부터 영혼의 귀로 자연과 사람들의 소리를 들어볼 셈이었다.

그가 무사히 돌아오자, 며칠 동안 이토벤 문제로 걱정을 많이 했던 팀원들의 태도가 이전과는 많이 달라진 것 같았다. 강 팀장은 치악산 사건이 오히려 전화위복의 계기가 되기를 바라며 미소를 지었다.

11월 1일

아들아. 아빠가 살아서 돌아왔다. 치악산 깊은 곳에서 바이올린 제작을 위해 특별한 목재를 찾으러 나섰다가 계곡에서 발을 헛디뎌 조난을 당했었다. 나무 노인이 아니었으면 아빠는 지금쯤 이 세상에 없었을지도 모른다.

아빠는 노인과의 만남을 통해 정말 특별한 것을 얻게 되었단다. '영혼의 귀로 듣는 법'을 배울 수 있게 된 거지.
사람들도 마찬가지인 것 같다. 눈앞에서 어떤 사람이 내게 얘기할 때, 그 사람이 소리내어 말하는 것, 그것이 다가 아니라는 것을 조금씩 깨닫기 시작했어. 진짜 중요한 것은 '마음의 소리'인데 그걸 듣기는 정말 어려운 일이야. 마치 꽃의 소리를 듣는 것이 어렵듯, 구름의 소리를 듣는 것이 어렵듯, 사람과의 대화에서도 그 사람 깊은 곳에 있는 진짜 마음의 소리를 듣는 것은 너무 어려운 일이라는 생각을 했단다.
아빠는 귀가 잘 안 들리게 되면서 오히려 더 많은 것을 듣게 되는 것 같아. 아직 걸음마 단계이기는 하지만, 마음으로 듣기, 눈으로 듣기, 영혼으로 듣기를 열심히 배워보려고 한단다. 진정한 듣기는 눈과 귀, 몸과 마음을 열어 전인적으로 들으려는 마음의 자세라는 것을 깨닫게 되었어. 치악산에서 얻은 두 가지 보물 중에서 '사람에게는 영혼의 귀가 있다'는 사실을 깨닫게 된 것이 더 큰 보물이었단다.

바이올리니스트이기도 했던 아인슈타인 박사가 죽음에 대해 이렇게 말했단다.
'죽음은 바로 모차르트 음악을 듣지 못하는 것이다.'

> 아빠에게 죽음이란 네가 연주하는 음악을 듣지 못하는 것이
> 겠지. 아빠는 내가 만든 바이올린으로 연주하는 너의 소리를
> 반드시 들을 수 있을 거라 믿는다.

여기까지 읽으면서 은경은 가슴을 쓸어내렸다. 그사이 남편이 조난당했었다는 사실을 알게 되었고, 왜 최근에 부쩍 체중이 줄어들고, 체력이 많이 떨어졌는지 그 이유를 이제서야 알게 되었기 때문이었다. 가슴이 덜컥 내려앉고, 불쑥 화도 났지만 마음을 가라앉혔다. 남편의 글은 바로 은경 자신에게도 해당되는 것처럼 느껴졌기 때문이다.

'나는 지금 멀쩡한 두 귀로 과연 무엇을 듣고 다니는 것일까? 남편은 정말 온 힘을 다해 아들의 바이올린을 만들고 있어. 그 사람의 마음이 외치고 있지 않은가. 내가 남편을 위해 할 수 있는 일은 무엇일까?'

"거 참, 신기한 일이네요."

황독사가 공명통에게 말을 걸었다. 사운드포스트를 끼우던 공명통이 일손을 멈추지 않은 채로 되물었다.

"뭐가 그리 신기하단 말이야?"

“이토벤 말야. 산에 다녀온 후에 사람이 많이 달라졌단 말야. 그전부터 괜히 집적거리면서 이것저것 물어보고 할 때도, 같이 얘기하고 나면 괜스레 기분이 좋아지고는 했는데, 산에 다녀온 뒤로는 굉장히 달라진 거 못 느꼈어요?”

“글쎄, 나도 그런 느낌이 들었는데…… 황 장인도 그랬단 말이 죠?”

이토벤이 어지럼증 때문에 일찍 귀가한 어느 오후에 3팀원들은 이토벤을 화제로 삼아 얘기를 나누었다.

“저는 이토벤 선생과 얘길 하고 나면, 마음속에 있던 무거운 돌 덩이들이 하나씩 빠져 나가는 것 같아서 마음이 가벼워져요.”

스노우퀸이 뜻밖의 고백을 하자, 강 팀장이 기다렸다는 듯이 말을 받았다.

“여러분들도 비슷한 느낌을 받으셨군요. 저 역시 마찬가지였 습니다. 실은 전에도 몇 차례 그런 느낌이 있기는 했지만, 이번 사고가 있은 이후로는 아주 강하게 매번 같은 느낌을 받았습니 다. 이토벤과 얘기를 하면 신기하게도 내 안에 있는 것들을 다 내 어 놓고 싶은 마음이 드는 거예요. 마치 쇳가루가 자석에 이끌리 듯 말이죠.”

“아니, 그 친구 이토벤, 치악산에서 뭔 보물을 찾았네 하더니 만, 우리 마음을 끌어당기는 마법의 자석을 어디서 하나 얻어온 모양이네?"

황독사의 농담에 모두 웃음을 터뜨렸다.

"여러분에게 부탁이 하나 있습니다. 제가 내일 저녁식사를 대접하고 싶습니다. 내일 퇴근 후에 저희 집에서 모이도록 하겠습니다. 이토벤 선생에게는 제가 따로 연락하겠습니다."

팀원들의 얘기를 듣던 강 팀장이 중대한 결심을 했다는 듯, 팀원들에게 말했다. 갑작스런 초대에 모두 궁금해 못 견디겠다는 표정으로 강 팀장을 바라보았다.

"자. 열심히 콩쿠르 출품 작업에 박차를 가합시다."

강 팀장이 미소를 지은 채 일부러 급한 목소리를 내며 재촉했다.

∾

팀원들은 모두 같은 아파트 단지에서 살았다. 연고지가 강원도가 아닌 장인들을 위해 회사에서 마련해준 사택이었다. 팀장의 숙소는 사람 사는 곳이 아니었다. 아이들 교육 때문에 가족들은 모두 서울 본가에 있어 홀아비 신세이기는 하지만 예상을 뛰어넘는 것이었다. 방 세 칸의 아파트가 온통 바이올린 제작 기구들로 가득했던 것이다. 제일 작은 방 하나만 침실로 사용하고 거실, 주방, 안방, 건넌방 모두는 이상한 장비들로 잔뜩 채워져 있었다. 모두들 어안이 벙벙했다.

139

“죄송합니다. 저녁식사 메뉴는 자장면과 탕수육입니다.”

“에이, 실망이에요. 팀장님. 근사한 저녁식사를 기대했는데. 그런데 무슨 말씀을 하시려고 이렇게 우리를 부르셨는지, 진짜 궁금하거든요? 또 저희를 실망시키시면 팀장님 내일부터는 괴로울 줄 아세요.”

식사를 대충 마치고 나자, 탕수육을 안주로 소주 몇 잔이 돌았다. 강 팀장은 본론으로 넘어갔다.

“여러분께 보여드릴 게 있습니다.”

강 팀장은 작업대에 걸려 있는 바이올린을 들어 가볍게 켜기 시작했다. 사라사테의 지고이네르바이젠 중의 한 소절이었다. 여느 수제현악기에서 듣기 어려운 고급스러운 소리가 흘러나왔다. 모두들 팀장의 바이올린 연주 솜씨와 그의 악기에 대해 강한 호기심이 발동했다.

이렇게 시작된 팀장의 이야기는 얼마 전 이토벤에게 털어놓았던 카브드 공법에 대한 애기로 자연스럽게 진행되었다. 방금 연주한 악기는 카브드 공법으로 자신이 직접 설계, 제작한 기계를 작동해 만든 악기라는 말에 팀원들은 벌어진 입을 다물 수 없었다.

강 팀장은 힘을 다해 자신의 소신을 밝혔다. 그는 자신의 내면에 쌓아왔던 열정들을 한꺼번에 용암처럼 분출해 팀원들 한 사람 한 사람에게 전염시키고 있었다.

"기계는 작동되는 거죠?"

아무래도 믿기지 않는지 황독사가 입을 열었다.

강 팀장이 기계를 직접 작동해보기 시작했다.

"드르르르륵, 드륵, 드르륵……."

장롱에 무늬를 새겨 넣는 기계를 개조한 거라 볼품은 없었다. 하지만 신기하게도 뒤판 하나가 순식간에 완성되었다. 모두들 경탄을 금치 못했다. 잠시 후 강 팀장이 스위치를 다시 누르자, 기계는 마치 로봇처럼 목판 위를 훑고 다니면서 목재를 다듬기 시작하더니 어느새 앞판을 완성했다. 불과 2분도 채 걸리지 않는 짧은 시간이었다.

시연이 끝나자 모두들 얼음처럼 굳어 버렸다. 아무도 말을 꺼내는 이가 없었다.

"그러나 아직 해결하지 못한 문제가 있습니다. 저 혼자의 힘으로 풀어보려고 노력했지만 더 이상 나아갈 수가 없었습니다. 여러분의 도움이 필요합니다. 그래서 이 자리를 만든 겁니다."

모두들 숙연한 표정이었다. 이토벤 역시 강 팀장의 다음 말이 궁금했다. 강 팀장은 흥분을 가라앉히려는 듯 냉정한 목소리로 말을 이었다.

"새로운 기술개발을 위해 회사에서는 지난 5년 동안 여러 시도를 했죠. 지금은 지난 일이 되었지만, 그때 아이디어를 얻은 것입니다. 회사 전략이 바뀌고 기술개발팀에 대한 지원이 줄어들면서 폐기되었지만, 저는 포기할 수 없었습니다. 지난 1년여 동안 혼자서 연구 개발을 진행해왔습니다. 그런 이유 때문에 사장님께도 제대로 보고를 드리지 못했습니다. 아무튼 이제 거의 완성 단계에 도달했습니다.”

팀원들은 상기된 표정으로 설명에 고개를 끄덕이며 주의를 기울였다. 이토벤은 회사의 구조조정 과정에서 강 팀장이 왜 그렇게 강하게 기술개발팀의 해체를 반대했었는지 이제야 알 것 같았다.

“하지만 아직 자신 있게 회사에 공개하지 못하는 것은 한 가지 결함을 아직 해결하지 못해서입니다.”

“결함이라뇨?”

팀원들은 일제히 눈을 동그랗게 뜨고 팀장에게 물었다.

“여러분도 잘 아시다시피 프레스 공법은 열을 가한 쇠로 목재를 찍어 눌러 앞판과 뒤판을 만드는 것입니다. 그러나 수제바이올린은 등고선처럼 굴곡이 다양한 소리판을 일일이 손으로 깎아 그 높이와 두께를 맞추는 것 아닙니까?”

모두들 고개를 끄덕였다.

“이 기계는 그 복잡하고 시간이 많이 걸리는 작업을 롤러에 부착된 센서가 몰드의 굴곡을 그대로 읽어내 칼날에 전달해줌으로써 진행되도록 설계되었습니다. 그런데 안타깝게도 몰드를 나무로 만들면 몰드가 쉽게 마모되고, 몰드를 철로 만들면 롤러가 마모되어 버리는 모순을 아직 해결하지 못했습니다.”

“쉬운 문제는 아닌데…….”

황독사가 미간을 찌푸리며 중얼거렸다. 강 팀장은 고개를 들고 팀원들의 눈을 보았다.

“저 혼자서는 어렵지만 여러분과 함께라면 성공할 수 있다고 생각합니다. 저는 기꺼이 여러분에게 배우고자 합니다. 여러분의 의견을 듣고자 합니다. 거기에 해결책이 있을 것으로 확신합니다.”

그러나 팀원들은 당장 무엇을 어떻게 도와야 할지 감이 잡히지 않는 모양이었다. 이토벤 역시 자신이 강 팀장을 도울 수 있는 방법이 없다는 것이 안타까웠다.

나무의
소리

이른 첫눈이 내렸다. 공장 앞마당이 온통 하얀 눈으로 덮였다. 강원도의 첫눈은 서울보다 한 달 이상 빨랐다. 필라델피아 콩쿠르 출품 마감까지는 이제 겨우 보름 정도 남아 있었다.

"요즘 사는 게 조금씩 재미있어지려 하네. 그런데 빙하가 녹으면 물난리가 난다는데."

스노우퀸이 내민 커피잔을 집어 들며 공명통이 입을 열었다. 3팀의 분위기는 확연히 달라져가고 있었다.

회사에서는 콩쿠르 작품 준비에 전념했고, 밤이면 교대로 강 팀장의 집에 모여 쉽게 마모되는 몰드와 롤러의 문제를 해결하기 위해 자정이 넘도록 머리를 맞대고 함께 고민했다.

팀원들의 열기가 뜨거워지고 그들 사이의 소통 또한 원활해지고 있었지만, 이토벤의 얼굴에는 조금씩 그림자가 드리워지고 있었다. 갈수록 체력은 약해졌고, 체중은 줄어들었다. 왼손이 떨려오기 시작하면 뒤판 깎기 작업을 계속 진행할 수 없었다. 팀원들의 사기를 꺾게 될까봐 홀로 고통을 감내하며 눈치채지 못하도록 속으로 삼켜야 했다. 무엇보다 가장 큰 문제는 시간이었다.

'이 겨울이 가기 전에 바이올린을 완성할 수 있는 걸까. 무모한 도전을 괜히 시작한 것은 아닐까. 이제라도 그만두고 아내와 아들과의 시간을 가져야 하는 것이 아닐까. 하루라도 빨리 병원에 입원하여 치료를 받는 것이 옳지 않을까.'

수많은 생각들이 이토벤의 머릿속을 헤집고 다녔다.

'나무가 말하는 것을 들어보게.' 나무 노인의 말이 생각났다.

'그래, 나무의 소리를 들어보자.'

이토벤은 스크래퍼로 뒤판 곡면을 다듬으면서 나무가 무어라 말하는지 귀 기울여 보았다.

"사각 사각. 사각 사각."

스크래퍼의 얇은 면으로 나무를 보드랍게 다듬는 느낌이 손끝

으로 전해질 뿐, 아무런 소리도 들리지 않았다. 작업을 계속 하면서 이토벤은 집요하게 나무의 소리를 듣고자 온 신경을 집중했다.

아무리 마음의 귀를 열고 들어보려 노력해도 나무는 아무 말도 하지 않았다. 그러나 포기할 수 없었다. 대패질을 하며, 끌로 긁어내며, 스크래퍼로 문지르며 끊임없이 나무가 하는 얘기를 들어보려 노력했다. 온종일 그 생각에 집착했다. 그러던 어느 날, 귓속에서 이명이 들리듯 음성이 들려왔다.

'나무의 소리를 듣는 유일한 방법은 네가 나무가 되는 거야.'

이토벤은 주위를 둘러보았다. 모두 정신 없이 작업에 몰두하고 있었다. 이토벤에게 말을 건 사람은 아무도 없었다. 곰곰이 생각해보았다.

'이 나무는 어디서 왔을까?'

갑자기 이토벤의 머릿속에 치악산의 가문비군락이 떠올랐다.

'자연의 소리를 듣기 위해서는 내가 자연의 일부가 되어야 한다.'

나무 노인의 가르침이 생각났다. 그 밤에 노인은 수십 년의 세월이 자신을 치악산의 일부가 되게 만들었다고 했다. 자신이 스스로 나무가 되고, 숲이 되고, 새가 되었을 때 만물의 언어를 들을 수 있다고 말했다.

'내가 나무가 되어야 나무의 소리를 들을 수 있다고?'

　이토벤은 작업을 멈추고 소복하게 쌓인 눈을 밟으며 공장 앞마당을 가로질렀다. 뽀드득 뽀드득 눈을 밟는 느낌이 발끝에서 몸을 통해 그의 귀로 전달되었다. 아니 마음속으로 울려왔다. 마치 발아래 눈이 아프다고 엄살을 떠는 소리가 들리는 듯했다. 공장 앞길을 건너자 작은 숲이 나왔다. 눈 덮인 나무들이 멋진 경관을 연출하고 있었다.

　'나무가 되어야 나무의 소리를 듣는다.'

～

　"이토벤 선생. 부탁드릴 게 있습니다."

　이토벤이라는 호칭은 이제 팀원들에게 비아냥거림이나 놀림이 아니라, 악성 베토벤에게 느낄 수 있는 약간의 경외감이 포함된 표현임을 느낄 수 있었다.

　"이제 콩쿠르 마감이 코앞으로 다가왔고, 카브드 공법 개발도 몇 번의 실험만 거치면 해법을 찾을 수 있는 상태까지 발전했어요. 그런데 현재 팀원들이 모두 콩쿠르 출품 마감을 앞두고 마지막 손질로 너무 바빠져서, 카브드 공법의 문제 해결을 위한 실험에 손을 댈 수 없는 형편입니다."

　이토벤은 팀장의 말을 들으면서 왠지 모를 불안감을 느꼈다. 팀장이 지금 무슨 부탁을 하려는지 대략 감을 잡았기 때문이다.

"제게 실험을……."

강 팀장은 얼굴 가득 미안한 표정을 담아서 말했다.

"그래요. 제 작업실에서 몰드와 롤러의 마모 여부를 실험해주시면 좋겠어요. 몰드 소재를 알루미늄, 우레탄, 고무 이렇게 세 종류로 압축해 마지막으로 실험해보려 해요. 각 소재 별로 일주일씩 실험해보면 결과를 알 수 있을 거예요."

"팀장님. 제가 과연 해낼 수 있을까요?"

이토벤은 내심 거절하고 싶었다. 몸 상태는 상당히 악화되기 시작했고 실제 작업에 투입할 수 있는 시간은 점점 줄어들고 있는 데다가, 팀원들은 모두 콩쿠르에 정신이 없는 상태에서 2주 이상이나 작업을 할 수 없게 된다면 바이올린 완성의 가능성이 점점 더 낮아지기 때문이었다. 하지만 이토벤의 몸 상태를 정확히 모르는 팀장의 입장에서는 충분히 제안해볼 만한 것이었다.

"사실 이번 실험 자체도 중요하지만, 제가 이토벤 선생에게 부탁하는 것은 완성의 시기가 매우 중요하기 때문입니다. 자칫 시간을 너무 끌게 되면 성공하더라도 회사에서 카브드 공법을 채택할 수 있는 기회가 사라질 수도 있습니다."

"좀더 생각해보고 내일까지 답을 드리도록 하겠습니다."

이토벤은 일단 답을 피한 채 고민을 해보기로 했다.

스크래퍼로 작업하던 청은 커다란 물방울 하나가 뒤판에 뚝 떨어지는 것을 보았다. 잘 닦여진 하얀 나무 속으로 물방울은 빠르게 흡수되어 버렸다. 동전 만한 크기의 얼룩이 뒤판에 선명하게 보였다.

작업 중에 이토벤은 스스로 나무가 되려고 노력했다. 저 아래 뿌리에서 진액을 빨아올리면, 몸통을 타고 수분이 저 먼 가지 끝의 잎새까지 전해지는 것을 느껴보려 했다. 나뭇잎을 떠올리고 그 잎맥 끄트머리까지 생생하게 살아 있는 생명을 느껴보려 애썼다. 겨울이면 북서풍의 거센 바람이 몸통과 잎새를 시리게 훑고 지나갈 것이며, 땅이 얼어버리면, 뿌리가 얼얼하게 괴로웠을 경험들도 떠올려 보았다. 날카로운 톱날에 자신의 밑동이 잘려나가는 아픔도 느껴보려 하였다. 나무가 되려 애썼지만 쉬운 일은 아니었다.

집에 돌아와 홀로 앉아 있을 때면 바람 소리, 빗소리에 귀를 기울이게 된다. 그 소리는 이토벤의 마음을 위로해준다. 그럴 때면 마치 청력이 다시 살아난 듯 사물의 소리가 생생하게 들렸다. 이토벤의 생각은 소리를 따라 움직였다.

'바람은 자신이 원할 때 말을 한다. 내가 듣고 싶을 때 말을 하는 것이 아니다. 빗소리도 그렇다. 나무도 그럴 것이다. 상대가

원할 때 나는 듣는 것이다. 바람이든 나무든 그들이 원할 때 나는 들을 수 있을 것이다.'

이토벤은 나무가 자신의 소리를 들려줄 때까지 기다리기로 했다. 그저 나무의 보드라운 피부를 여인의 얼굴을 만지듯이 어루만지며 귀 기울였다.

이토벤의 손길에 나무는 드디어 입을 열었다. 이토벤은 놀랍지 않았다. 그냥 자연스럽게 자신도 마음속 입술을 열어 나무에게 잔잔한 음성으로 답을 했을 뿐이었다.

'실험에 참여하면 한동안은 너를 만질 수 없게 돼. 너도 알겠지만, 내 몸이 지금 많이 안 좋아지고 있거든. 이런 식이면 도저히 바이올린을 만들어 낼 수 없단 말이야.'

'그래도 너무 슬퍼하지마. 너는 꼭 바이올린을 완성할 수 있을 거야. 나를 통해서…….'

이토벤은 혼란스러웠다. 나무가 말한 것인지, 스스로 마음속에서 생각을 되뇌고 있는 것인지 확신할 수 없었다.

미국 출장에서 돌아온 이 상무가 콩쿠르 출품을 독려하기 위해 공장을 방문했다. 안 본부장의 지시로 공장 직원이 모두 강당에 모였다.

"해마다 우리회사에서는 필라델피아 현악기 제조 콩쿠르에 출품해왔지만, 결과는 좋지 않았습니다. 그러나 이제 우리회사는 방향을 전환했습니다. 저가 보급형 악기는 중국으로 공장을 옮기고, 이곳 강원도 공장은 부가가치가 상대적으로 매우 높은 오케스트라 단원과 연주자의 제2, 3악기로 사용될 수제현악기 제조의 메카로 키워갈 것입니다. 그러기 위해서는……."

모두가 짐작했던 시나리오였다. 회사의 방향에 맞추기 위해서는 이번 콩쿠르가 중요하다. 반드시 입상해야 한다. 성적이 좋지 않은 팀은 어쩔 수 없이 또 다른 구조조정의 대상이 될 수도 있다는 것이 이 상무 발언의 요지였다. 모두들 비장한 눈빛으로 침묵했다.

강 팀장의 개인 작업실은 롤러 돌아가는 소리와 목재에 칼날이 부딪혀 나무를 깎는 소리 때문에 마치 목재소와 같은 분위기였다. 언제 롤러가 손상될지 모르기 때문에 이토벤은 한순간도 실험 장비에서 눈을 뗄 수가 없었다. 알루미늄 몰드를 사용한 장비는 일주일째 되는 날 몰드와 롤러가 동시에 손상을 입었다. 실패였다. 고무로 된 몰드는 손상되지는 않았지만, 너무 부드러운 나머지 몰드의 원형을 목재가 복제해내지 못했다. 이 역시 실패였다.

‘나무가 하는 말을 들어보게.’ 나무 노인의 말이 생각났다.
‘나무가 되어야 나무의 소리를 듣는다.’

남은 희망은 우레탄 몰드였다. 고무보다는 훨씬 딱딱하고 알루미늄이나 철과는 확연히 다른 소재였기에 모두 가장 가능성이 높다고 판단하고 있었다. 그렇기 때문에 마지막 가능성일 수도 있다. 이 마저 실패한다면 아예 희망 자체를 접어야 할지도 모른다.

"이제 모두 완성된 건가요?"

"예, 드디어 완성입니다. 페그박스에 줄감개만 끼우고 스트링만 세팅하면 출품작 완성입니다."

"여러분 모두 정말 고생 많았습니다. 꼬박 2주간 밤을 지새웠네요."

3팀은 끝까지 최선을 다했다. 이토벤이 치악산에서 발견한 그 마법의 자석에 마음이 끌린 팀원들은 그 후 자신들에게도 마법의 자력이 조금씩 작동하고 있는 것을 느꼈다. 팀원들 사이에 생긴 묘한 자력은 2주간의 야간작업 동안 마음속에 있던 모든것들을 서로에게 쏟아낼 수 있게 한 원동력이었다.

"정말 신기한 경험이에요. 우리 모두가 이토벤 선생님한테 전염된 것 같아요."

스노우퀸의 말에 모두들 공감을 표했다.

준비된 작품을 케이스에 하나씩 담고 있을 때, 강 팀장의 핸드폰으로 메시지가 도착했다.

이토벤이 보낸 메시지였다. 팀장은 핸드폰을 뚫어져라 쳐다보다가 미간을 찌푸렸다. 갑작스럽게 안색이 변하는 팀장의 얼굴을 바라보며 거의 동시에 합창하듯 물었다.

"무슨 일입니까? 팀장님."

강 팀장은 한참 동안을 아무 말 없이 서 있더니, 두 손을 위로 번쩍 치켜들고 만세를 불렀다. 팀장의 눈은 어느새 벌겋게 충혈되어 있었다.

"성공이랍니다. 성공! 우레탄이 성공했답니다."

모두들 출품작 완성과 우레탄 몰드 실험의 성공, 즉 카브드 공법 완성에 환호했다. 두 마리 토끼를 한꺼번에 잡은 셈이다.

"이토벤 선생을 보러 갑시다."

공명통이 말을 마치자마자, 팀원들은 모두 강 팀장의 개인 작업실로 달려 나갔다.

내 안의 사운드박스

눈앞이 뿌옇게 흐려졌다.
은경은 남편이 왜 아들을 위한 바이올린에 그토록 집착하는지
이제서야 온전히 이해할 수 있었다.

눈으로 보기에는 아무런 차이가 없었다. 그러나 공명통의 손길은 조금도 속일 수 없는 것이었다. 고개를 숙인 이토벤은 온몸의 힘이 빠져나가는 것을 느꼈다. 강 팀장의 기계를 이용하면 2분도 채 안 걸리는 판 하나를 만드는 데 벌써 한 달 가까운 시간이 흘렀음에도 여전히 공명통의 기준에는 미달이었다.

"내가 처음 뒤판 깎기를 배울 적에는 선생님께 백 번도 넘게 박살이 났었다오, 이토벤 선생. 그러니 너무 서운하게 생각은 말아요. 아무리 개인적으로 만드는 바이올린이라 해도 제대로 소리는

나야 할 것 아니겠어요?"

공명통의 기준을 통과하는 그날이 과연 올 것인지 자신이 없어졌다. 그런 이토벤의 심정을 위로하려는 듯 공명통이 이야기를 했다.

"도공들이 흙을 이겨서 만드는 그릇은 어디에서 쓸모가 생겨날까요? 흙을 이겨서 만든 찻잔이나 술병은 그릇 내부에 아무것도 없는 공허한 부분이 있기 때문에 쓸모가 있다고 합니다. 노자가 하신 말씀이죠. 악기도 마찬가집니다. 판은 그 안에 만들어지는 공명의 빈 공간이 있기에 쓸모가 있는 겁니다. 판 자체에 매달리지 말고 판이 만드는 빈 공간에 주목해보세요. 판을 만들지 말고 공명통을 만들어야 합니다."

공명통이 미소를 띠며 이토벤의 손을 잡았다. 순간 이토벤의 머리에 나무 노인이 들려준 찻잔의 교훈이 스쳤다.

"아직 저의 정성이 부족했습니다. 마음을 비우고 다시 해보겠습니다."

'뒤판에 집착하지 말고 빈 공간에 주목하라고? 공명통을 제대로 만들려면 먼저 텅 빈 마음을 가져야 할지 모른다. 그래야 나무의 소리를 듣게 되지 않을까. 하지만 나의 몸은 과연 공명통의 기준을 만족시킬 때까지 버텨낼 수 있을까. 과연 공명의 소리를 들을 때까지 견딜 수 있을까.'

하나의 생각은 또 다른 고민으로 이어졌다. 장인이 되는 길은 결코 쉽지 않은 것이었다.

"본부장에게 이 사실을 먼저 보고해야 합니까?"

황독사였다. 모두가 본부장에게 말하는 것을 반대했다. 틀림없이 자신이 추구하는 방향과 반대되는 이 비밀병기를 와해시키려 할 것이라는 우려였다.

"양 대리를 통해 사장님께 제가 직접 말할 수 있도록 다리를 놓아 보면 어떨까요?"

이토벤이 조심스럽게 제안했다. 팀장은 생각에 잠겼다.

"본부장에게 얘기하면 처음부터 예상치 못한 난관에 부딪힐 수 있겠지요. 하지만 양 대리를 통해 사장에게 직접 보고하면 공론화는 쉽게 할 수 있겠지만 조직 내에서 경로를 무시한 책임을 면할 수 없을 겁니다. 자칫 상황이 더 나빠질 수도 있습니다."

무거운 침묵이 흘렀다. 이윽고 팀장이 결심한 듯 단호한 태도로 모두에게 선언했다.

"본부장님께 직접 보고하겠습니다."

∽

정신을 집중해 끌질을 하고 스크래퍼로 다듬는 작업을 하며 나무에 귀를 기울이면 나무는 어느 순간 조용히 이토벤에게 말을 걸어오곤 했다. 나무의 소리를 들은 날은 유난히 사람들 마음의 소리도 잘 들을 수 있는 듯했다.

"어? 이게 웬일이죠? 이거 진짜로 이토벤 선생이 만든 거 맞아요? 어허? 벌써 이러면 안 되는데?"

공명통은 놀라는 빛이 역력했다. 이토벤은 잠잠한 표정으로 처분을 기다렸다.

"잠깐, 이거 나무 노인한테 받아온 목재 아니오?"

"맞습니다. 그게 마지막입니다."

긴장이 됐는지 이토벤의 왼손이 조금씩 떨려오기 시작했다.

"뒤판은 이제 합격이오! 오늘부터 앞판으로 넘어가요."

공명통이 활짝 웃으며 소리쳤다.

"이토벤 선생님보다 제가 더 긴장이 되는거 있죠. 정말 축하드립니다."

스노우퀸이 박수를 치며 반가워했다. 자리에 있던 팀원들도 모두 한마디씩 격려해주었다. 한 고비를 넘긴 안도감에 이토벤은 가벼운 현기증마저 느꼈다.

공명통이 갑작스레 장난기 어린 표정을 짓더니 이토벤에게 물었다.

"그런데 이토벤 선생. 지난 몇 달 동안 우리 팀이 이상할 정도로 분위기가 좋아진 것이, 이 선생이 갖고 있다는 그 마법의 자석 때문에 그렇다고 믿고들 있어요. 요즘은 팀원들 모두 그 자석에 전염되어 버렸는지 진짜 묘하다니까. 원조 자석인 이토벤 선생한테 사연을 한번 들어야 하겠어요. 얘기 좀 해봐요.”

이토벤은 당황스러웠다.

“사실…… 저는 제 생각이 옳다고 판단되면 누가 뭐라고 해도 듣지 않는 독선적인 사람이었습니다. 목표를 이루고, 무언가를 성취하려면, 이 사람 저 사람 말에 흔들리거나 판단이 흐려지지 않고 주도적으로 강력하게 실행에 옮기는 것이 최고라고 생각했었습니다. 그래서 제 판단에 들을 필요가 없어 보이는 사람들의 말에 대해서는 아예 듣는 척만 했을 뿐이었죠.”

갑자기 분위기가 숙연해졌다. 얼마 전까지만 해도 바로 자신들의 모습이었기 때문이다.

“그런데 지금은 듣는다는 것의 귀중함을 깨닫게 되었습니다. 청력이 나빠진 것을 계기로 만난 여러분의 도움 덕분에 새로운 세계를 발견한 셈입니다. 여기 계신 여러분 모두가 저에게는 스승입니다. 꼭 집어서 말하라면 치악산에서 만난 나무 노인이 가장 큰 깨달음을 주셨죠. 그분의 가르침으로 자연스럽게 제 편견이나 생각들이 비워지게 되었습니다.”

팀원들의 눈빛이 진지해졌다.

"또 한 가지는 이렇게 듣는 일에만 집중하니, 놀랍게도 새로운 사실들을 많이 발견하게 되었습니다. 마음의 소리를 듣게 되었다고나 할까요? 겉으로 드러난 내용뿐 아니라, 그 내면의 감정이 무엇을 말하고 있는지를 조금은 이해할 수 있게 되었습니다. 바로 그런 점들이 여러분에게는 자석처럼 느껴졌나 봅니다. 사람들은 누구나 자신의 말에 공감해주는 사람에게 마음을 쥬다고 합니다. 그러니까 만약에 저에게 자석이 있다면 그건 마음속의 공명을 일으키는 사운드박스일 거라고 생각합니다."

이토벤은 조바심과 긴장을 떨쳐 버리고 편한 감정으로 말을 마쳤다.

"우리는 모두 마음속에 자신만의 사운드박스를 가졌다는 말씀이시군요. 그럴듯합니다."

공명통이 고개를 끄덕이며 공감을 표했다.

"그런데 내 마음속의 사운드박스는 누가 다듬어주나?"

황독사가 스노우퀸을 보며 너스레를 떨자, 모두들 미소를 지었다.

평일임에도 불구하고 은경은 영동고속도로를 달리고 있었다. 남편에게서 온 카드 때문이었다. 남편한테는 미리 연락도 하지 않고 무작정 강원도로 차를 몰았다.

도로는 한적했고 남편은 숙소에 없었다. 지금쯤 한창 작업에
몰두하고 있을 시간이었다. 은경은 남편의 노트를 찾았다. 노트
에는 많은 분량이 기록되어 있었다. 외투도 미처 벗지 않은 상태
로 의자에 앉아 노트를 펼쳤다.

노트를 읽어 가면서 은경은 혼란스러웠다. 나무의 소리라든지,
나무가 되어야 한다든지 하는 남편의 표현이 생소했기 때문이었
다. 혹 남편이 편집증적인 집착을 보이고 있는 것은 아닐까 염려
스럽기까지 했다.

'나무의 소리를 듣기 위해 나무가 된다는 것, 누군가의 마음의
소리를 듣기 위해서는 그 사람의 입장이 되어야 한다는 것, 이런
의미인가?'

11월 23일

아들아. 믿을 수 있겠니? 아빠가 드디어 나무의 소리를 들었
단다. 아주 잠깐이지만. 그런데 사실은 나무의 소리를 듣기
전에 아빠 자신의 내면의 목소리를 먼저 들었어. 나무의 소
리를 들으려면 아빠가 먼저 나무가 되어야 한다고 말하더구
나. 그래서 끊임없이 내가 나무가 되는 상상을 했단다. 그랬
더니 정말 나무가 속삭이는 소리가 들리는 거야.
아빠는 너도 나무와 친해졌으면 한다. 그래서 네가 숫자 계
산이나 맞춤법보다는 나무의 이름과 풀벌레의 이름을 먼저

알았으면 한다. 교과서나 참고서보다는 자연의 책에서 더 많
이 배웠으면 한다. 그리고 엄마와 아빠의 아들이면서 동시에
소박하지만 위대한 자연의 아들이 되었으면 한다.

11월 25일

콩쿠르를 준비하면서 우리 팀원들이 완전히 달라진 모습으
로 변했단다. 그건 우리 팀원들 모두가 마음의 공명을 일으
키는 데 성공했기 때문이라고 생각해. 신기하게도 팀원들은
그게 아빠 덕분이라고 얘기하는데 아빤 사실 잘 모르겠어.
어떻게 하든지 상대방의 입장이 되어 보려 애쓴 것이 결국은
아빠 내면의 사운드박스를 잘 깎아 다듬은 결과가 된 것 같
구나. 사람들은 자신의 말이 공명을 이루고 아름다운 소리가
되어 은은하게 퍼지는 듯한 느낌을 받은 거야. 그래서 아빠
랑 얘기하면 뭔가 돌덩이를 내려놓는 듯한 기분이 든다고 하
더구나.
그런데, 진짜 멋진 일이 뭔지 아니?
콩쿠르 작업을 하면서, 팀원들이 서로 서로에게 귀 기울이기
시작했다는 거야. 서로의 마음의 소리를 듣게 되고, 그 소리
가 공명을 이루고, 아름다운 하모니가 되어 은은하게 울려
퍼지니까, 자연스럽게 콩쿠르에 출품할 작품에 한마음, 한뜻
이 되어 집중할 수 있었던 거였어.
아빠가 기분이 좋아서 오늘은 많이도 썼구나.
만일 아빠가 지금 만들고 있는 바이올린을 완성할 수 있다

면, 그리고 그걸 네가 평생 켤 수 있다면 아빠는 평생 네 연
주를 듣게 되는 거야. 이 바이올린의 사운드박스는 곧 아빠
니까.

사랑하는 아들아.

하루에도 서너 번씩은 심하게 어지럽고 속이 울렁거리는구
나. 이렇게 반갑지 않은 손님이 찾아올 때면 아빠는 아무것
도 할 수 없단다. 그저 일손을 멈추고 작업대에 엎드린 채,
이 불청객이 빨리 떠나서 바이올린을 계속 만들 수 있기만을
기도할 뿐이란다.

나는 그동안 네 엄마가 아빠를 싫어한다고만 생각했다. 네가
아픈 것, 웃지 않는 것, 말이 없는 것, 그 모든 것이 아빠 때
문이라고 엄마는 생각한다고 믿었어. 그 이유 때문에 엄마는
아빠를 미워할 거라고. 아주 많이 미워할 거라고 생각했다.
그래서 아빠는 두렵고 외로웠단다. 엄마에게 어떻게도 접근
할 수가 없었다. 그냥 멀리서 바라볼 수밖에 없었지.

그런데 네 엄마의 마음의 소리를 들어보니, 아빠의 생각이
많이 틀렸더구나. 엄마의 마음에서 울려 나오는 소리는 '불
안함'과 '외로움'이었어. 네가 영원히 웃지 않을까봐, 아빠
가 영원히 엄마 곁을 떠날까봐 엄마는 지독히 '불안'했던 거
였어.

사랑하는 아들아.

베토벤이 친구에게 보낸 편지에 이런 시가 있더구나.

"지혜는 지혜로운 자의 것이고,
아름다움은 사랑하는 자의 것.
지혜와 아름다움, 그 둘은 서로의 것이다."

이 구절을 보면서 아빠는 많은 생각을 했다. 나는 너에게 '진정한 아름다움은 사랑하는 자의 것'이라는 지혜를 주고 싶구나. 아빠가 다하지 못한 만큼 엄마를 더 많이 사랑해다오.

은경은 호흡이 가빠져서 더 이상 남편의 일기를 읽을 수 없었다. 눈앞이 뿌옇게 흐려졌다. 은경은 남편이 왜 아들을 위한 바이올린에 그토록 집착하는지 이제서야 온전히 이해할 수 있었다. 다음 페이지를 넘기자, 봉투에 넣어진 카드가 있었다. 수신인은 바로 은경 자신이었다. 이미 은경이 받은 카드와 같은 내용이었다. 은경은 자기도 모르게 얼굴이 붉어졌다.

너와 나를 위한 경청

*

공감共感하자

*

내 안의 너, 네 안의 나를
받아들이고 이해하면
진실의 목소리가 들린다.

피날레 상생

마음의
소리

사장은 틀림없이 고민에 빠질 테지만,
그래도 이렇게 물러날 수는 없는 일이었다.
다행히 본부장과 1, 2팀장들도 함께 있는 자리였기에 오해받을 일도 없을 듯했다.

회의실 창밖으로 하얀 눈이 내리기 시작했다. 본부장은 상당히 놀란 눈치였지만 자신의 속내를 드러내지 않았다. 강 팀장과 3팀 장인들은 불안해지기 시작했다.

"카브드 공법이라구요?"

"양산이 가능한 시스템과 샘플 장비를 완성해냈습니다. 사장님께 보고 드려주셨으면 합니다."

팀장은 마음이 급했다. 하루라도 빨리 자신이 개발한 이 놀라운 기계를 통해 세계시장에 카브드 공법의 보급형 악기들을 널리 공급하고 싶었다. 그러나 안 본부장은 오히려 화를 냈다.

"회사의 공식적인 프로젝트도 아닌 작업에 팀원들을 동원하다니, 강 팀장이나 3팀은 그리 한가합니까. 이래서는 안 돼요, 안돼!"

"대부분 저 혼자 진행했습니다. 저희 팀원들이 참여한 것은 최근의 일이고, 기간도 얼마 되지 않습니다. 게다가 정상적인 근무를 마치고 야간에 작업한 겁니다."

강 팀장이 분명하게 대답했다.

"더구나 콩쿠르 출품 작품 과제도 모두 완수했습니다."

황독사도 거들었다.

"회사가 지금 중국 공장 이전 문제로 많이 혼란스러운 상황이니 복잡한 일들이 어느 정도 정리되면 이 프로젝트를 다시 검토하는 방향으로 하십시다. 우선 제가 먼저 장비를 한번 살펴보기로 하겠습니다."

일단 본부장이 장비를 검토하기로 한 것이 소득이라면 소득이었다. 그러나 장비를 보고 난 후 별다른 지시는 없었다. 그는 3팀의 여러 차례 설득 노력에도 불구하고 굳게 귀를 막았다.

"사장님에게 직접 보고해 결판을 내보시죠?"

황독사는 답답한 마음에 팀장에게 다시 문제를 제기했다.

"생각해보면 그것도 역시 위험한 일입니다. 사장님은 현재 중국 공장 이전에 몰입해있는 상태고 그것 때문에 직원을 절반이나 정리해버렸는데, 지금 와서 어지간한 강심장이 아니고서야 그 계획을 취소하려고 하겠어요? 사실 카브드 공법이 시장에서 얼마나 먹힐지도 잘 모르는 거 아녜요? 검증되지 않은 일에 도박을 거는 것도 쉽지는 않은 일이죠. 더구나 우리 사장님 같은 처지에서는 움직이기가 쉽지 않겠죠."

공명통의 의견에 스노우퀸이 고개를 크게 끄덕였다.

"사장님과는 친척 되신다고? 혹시 그쪽 얘기가 어떻게 돌아가는지 아는 거 있어요?"

모두들 스노우퀸에게 눈길을 돌렸다.

"아시다시피 현재 사장님이 최대주주지만 지분은 50퍼센트가 안되잖아요. 그런데 대주주들이 연합하여 이 상무님이나 본부장을 밀고 있어요. 만약 실적이 계속 좋지 않을 경우, 이 상무님을 다음 CEO로 이미 내정해놓은 상태나 마찬가지래요. 제가 들은 얘기는 이 정도에요. 제가 아직은 회사 일로 집안에 뭐라고 할 처지는 아니라서요."

이토벤은 천신만고 끝에 얻은 뒤판을 속 몰드를 감싸고 있는 옆판에 조심스럽게 붙였다. 홀더로 옆판과 뒤판이 서로 잘 접착되도록 세심하게 고정시키면서 마음으로 계속 나무의 언어를 흘렸다.

그때 갑자기 작업실의 문이 활짝 열렸다.

"필라델피아 콩쿠르에서 우리가 낸 바이올린, 첼로 두 작품이 예선을 통과했대요."

누군가 거의 악을 쓰다시피 큰 소리로 고함을 질렀다.

"우리 시간으로 내일 아침 10시에 결선이 진행된답니다. 미주 현지 영업팀장님이 예선통과 소식을 듣고 급파되었대요. 1, 2팀의 작품은 바이올린 하나, 비올라 하나씩만 결선에 올랐답니다."

강 팀장의 핸드폰이 경쾌하게 울렸다. 사장이었다.

"소식 들었나? 내일 아침 일찍 본사로 들어오도록 하게. 최종 결과가 발표되면 즉시 미국에서 전화가 올 거야. 좋은 일이 있으면 바로 축하해주고 싶네. 9시까지는 들어와 주었으면 하네."

강 팀장의 미간이 찌푸려졌다. 그로서는 마냥 즐거워만 할 처지가 아닌 것이다.

대회의실 벽에는 스트라디바리가 만든 최고의 명품바이올린과 첼로의 복사품이 진열되어 있었다. 메시아, 비오티, 케벤휠러, 파가니니, 리핀스키, 다비도프가 그 주인공이다.

강 팀장은 여섯 대의 악기에 깃든 사연들을 생각하며 초조한 시간을 보냈다. 아무도 말이 없었다. 회의실 맨 중앙에는 사장이 자리했고 오른쪽으로는 세 사람의 이사진이, 맞은 편에는 본부장과 팀장 세 명이 10시가 되기를 기다리고 있었다.

10시가 조금 지나자, 양 대리가 급하게 팩스를 들고 뛰어왔다. 팩스를 받아든 사장의 입 꼬리가 천천히 올라갔다.

"됐어! 금상과 동상 한 작품씩 선정되었어!"

임원들과 본부장이 일제히 박수를 쳤다. 하지만 팀장들은 초조하게 사장의 입을 계속 주시했다.

"2팀에서 제작한 비올라가 음향 부문 동상에 선정되었네요. 그리고 금상은……."

순간적으로 팀장들의 표정에 긴장감이 감돌았다.

"3팀에서 제작한 바이올린이 세공 부문에 선정되었어요."

본부장의 얼굴이 묘한 표정으로 변해갔다.

"모두 고생하셨습니다. 오늘 점심은 제가 멋지게 한턱 내겠습니다."

강 팀장은 일단 안도의 숨을 내쉬었다. 팀원들이 고생한 보람을 조금이나마 찾을 수 있다는 것이 첫 번째였다. 다음으로는 앞으로 사장에게 카브드 공법으로 만든 대량생산 시제품을 프리젠테이션하는 데 콩쿠르의 성과가 지원군이 될 수 있을 것이라는 생각 때문이었다.

점심식사는 인근 호텔의 중식당에서 근사하게 진행되었다. 사장은 여러 악재 가운데 터진 고무적인 결과에 크게 기뻐했다. 수제현악기 시장 진입을 노리는 회사의 입장에서는 콩쿠르 수상이 큰 힘이 되기 때문이다.

"3팀 수고 많았어요. 강 팀장. 내가 3팀에게 특별포상을 하고 싶습니다. 우승 상금은 팀에게 지급할 테니 함께 회식이라도 하시고, 그밖에 내가 도와줄 수 있는 게 있다면 말해보세요."

사장은 틀림없이 고민에 빠질 테지만, 그래도 이렇게 물러날 수는 없는 일이었다. 다행히 본부장과 1, 2팀장들도 함께 있는 자리였기에 오해받을 일도 없을 듯했다.

"사장님께서 공장에 오시면, 긴히 보여드리고 싶은 것이 있습니다. 3팀에서 회사를 위해 준비한 작품이 하나 있는데 마땅한 기회가 없었습니다."

"그래요? 그렇지 않아도 다음주 월요일에 공장을 방문하려던 참이었는데 잘됐네요. 기대가 되는군요."

사장은 흔쾌히 강 팀장의 제의를 받아들였다. 강 팀장을 바라보는 이 상무와 본부장의 표정이 순간적으로 일그러졌다.

"이건 정말 놀라운 기술이야!"

시제품의 연주를 들어보고 난 후, 강 팀장의 카브드 공법 제작 기계의 작동을 살펴본 사장의 첫 반응은 충격 그 자체였다. 본부장과 대동한 1, 2팀장도 입이 벌어진 것은 마찬가지였다. 애써 놀라움을 감추며 그들은 공장 회의실로 향했다.

강 팀장은 흥분을 가라앉히며 억제된 음성으로 사장에게 설명했다.

"처음에는 기술개발팀에서 호기심으로 연구를 시작했습니다. 그렇게 한고비 한고비를 넘기면서 2년을 끌어왔습니다. 그 사이 기술개발 연구 프로젝트가 대부분 중지되어 쉽지는 않았습니다."

"회사에서 지원도 제대로 해주지 못했는데, 이렇게 성과를 내다니 정말 대단하군."

사장은 미소가 가득한 얼굴로 강 팀장을 바라보았다.

"몰드와 롤러의 마모가 심해 대량생산에 대한 가능성이 워낙 떨어져 막 포기하려는 참이었는데, 놀라운 일이 있었습니다."

"놀라운 일? 컨설팅이라도 받았다는 것인가?"

사장은 반문했다.

"아닙니다, 사장님. 그 놀라운 일은 간단한 말 한마디였습니다."

모두들 눈이 휘둥그레졌다.

"저희 팀에 무급으로 봉사하며 일손을 돕고 있는 퇴직자 한 분이 있습니다. 전에 홍보팀에 근무하던 이청 과장 기억하십니까?"

"아, 이청 과장. 기억나네."

"이 과장이 하루는 제게 다가와 질문을 했습니다. 그 질문 한마디가 이 연구를 포기하지 않도록 제 열정을 되살려 주었습니다."

강 팀장은 사장에게 이토벤이 3팀에 합류한 이후의 일을 간략히 설명했다. 생사의 갈림길에 서 있다는 것, 그에게는 묘한 자력이 있다는 것, 모두들 그와 이야기를 나누고 나면 자신의 마음에 있는 돌덩이들이 다 빠져 나가는 신비한 느낌을 받는다는 것, 팀원들 모두 콩쿠르 작품 제작과 카브드 공법 연구에 몰입하면서 그동안 전혀 경험해보지 못했던 놀라운 소통의 신비를 체험했다는 것을 털어놓았다.

사장은 눈을 지그시 감고 연신 고개를 가볍게 끄덕였다. 회의실 내에 잠시 적막이 흘렀다.

"사장님. 많이 힘든 결정이 되시리라는 것을 잘 알고 있습니다만, 회사에서 이 카브드 공법 라인에 대한 특별 프로젝트를 진행해 주셨으면 합니다. 만일 이 정도의 고품질 바이올린을 저가 보급형 시장에 동일한 가격으로 내놓을 수 있다면 일본의 경쟁사가 독점하고 있는 세계시장을 석권하는 것도 무리가 아니라고 봅니다."

강 팀장의 음성에서 강한 확신이 배어났다. 내내 팔짱을 끼고 있던 안 본부장이 입을 열었다.

"카브드 공법을 적용한 장비는 정말 놀라운 일이 아닐 수 없습니다. 3팀장의 열정과 고집에 저도 대단히 탄복했습니다. 그러나 모두 잘 아시다시피 지금 현재 우리회사의 방침은 저가 보급형 악기는 중국으로 공장을 이전해 초저가 정책으로 나가자는 것입니다. 반대로 중급 악기는 수제팀을 확대 재편성해 국내시장에서 오케스트라 단원이나 전공자의 제2, 3악기로서 시장을 공략하자는 것이었죠."

본부장은 회사의 방향을 짚어가며 새로운 변화에 신중한 것을 주문하고 있었다.

"이미 전 세계 저가 현악기시장은 프레스 공법이 전부 장악하고 있습니다. 새로운 공법이 성공한다는 보장은 어디에도 없습니다. 회사가 대단히 어려운 시점에서 이렇게 무리한 투자를 감행하려면 아마도 중국 이전 문제나, 국내 수제품시장 공략은 포기해야 그 여력이 나오지 않을까 싶습니다. 저는 이 문제가 회사 전체의 운명을 좌우할 수 있는 중대 사안이라고 생각합니다."

사장은 섣불리 어떤 결정도 내리지 않았다. 본부장의 말대로 만일 프레스 공법이 장악하고 있는 세계 현악기시장의 높은 장벽을 뚫지 못하게 될 경우, 회사는 현재보다 훨씬 심각한 어려움에 처할 것이 뻔했다. 미국이나 유럽, 호주 등의 현악기시장은 100년 이상의 전통을 갖는 브랜드에 대한 선호도가 매우 높기 때문이었다.

심사숙고하던 사장이 마침내 결론을 내렸다.

"우선 카브드 공법으로 제작한 시제품 바이올린 다섯 대를 바로 미국으로 보내기 바랍니다. 곧 시애틀에서 GI컨벤션Global Instruments Convention이 있는데 무슨 수를 써서라도, 급하게 취소된 부스라도 찾아 전시공간을 만들어 볼 테니 반응을 보고 나서 결정하도록 합시다. 3팀장은 출장 준비하시기 바랍니다."

본사로 돌아오는 승용차 안에서 사장은 가벼운 홍분을 느꼈다. '강 팀장이 전해준 열정일까. 아니면 새로운 도전에서 오는 희망일까?' 사장은 좌석에 몸을 깊이 묻고 생각에 잠겼다.

'그런데 이 과장이 갖고 있다는 자력이 무엇인지도 궁금하군. 외인구단 같은 3팀을 바꿔놓은 것을 보면 그 힘이 보통은 아닌 것 같은데……'

이래저래 서울에 도착할 때까지 사장은 몸을 뒤척이며 눈을 붙일 수 없었다.

사고의 전환

연말이 다가오면서 모두의 마음이 조금은 푸근해지기 시작했다. 강 팀장은 시애틀로 파견될 예정이라 조금 분주했지만 나머지 팀원들은 카브드 공법이 양산 체제로 전환될 경우에 대비해 필요한 일들을 차근차근 준비해나가면 되었다. 자연스럽게 이토벤의 바이올린 제작에 관심이 모아졌다.

"이토벤 선생, 앞판 작업은 어떻게 되어가고 있죠?"

공명통이 특별히 많은 관심을 보였다.

"네. 뒤판 작업에 워낙 고생해서 그런지 앞판은 잘 되어가고 있습니다. 곧 검사받으러 가겠습니다."

"앞판에는 소리가 드나드는 f홀을 깎아 넣어야 하니 뒤판보다
는 조금 더 신경을 써야 합니다."

팀원들이 함께 작업실에 있으면 훨씬 힘이 났다. 작업실 내에
묘한 에너지가 항상 감돌게 되는데, 혼자 작업할 때보다 이 에너
지의 기운을 느껴가며 작업할 때 나무의 소리를 듣는 것도 더 수
월했다.

하지만 이토벤에게는 지난 보름간의 공백이 큰 타격이었다. 하
루가 다르게 어지럼 증세가 잦아지고 있었다. 이제는 손끝의 떨
림도 표가 날 정도여서 십 분 이상 몰입해 작업할 수 없었다. 자
연히 끌질하는 속도나 앞판을 다듬는 속도가 현저하게 떨어졌다.

～

미국 서북쪽에 위치한 해안 도시 시애틀의 겨울은 그다지 춥지
않았다. 몇 차례 GI컨벤션을 방문한 경험이 있었지만, 이번 컨벤
션에는 자신이 발명한 기계로 만든 첫 작품을 소개해야 했기에
강 팀장의 각오는 제법 비장했다. 전시회 사흘째까지 부스를 찾
은 바이어들은 시제품을 보면서 카브드 공법으로 이토록 좋은 소
리를 내는 저가의 바이올린을 만들어 낸 솜씨에 감탄사를 연발했
다. 조짐이 좋았다. 그런데 시간이 지날수록 기대감은 아쉬움에
자리를 내주고 있었다. 대부분의 방문객들이 브랜드에 대해 신뢰

하기 어렵다는 표정을 지었다. 바이어들에게는 지나치게 뛰어난 기술력이 오히려 부담이 되고 있었다. 아무리 강심장을 지닌 강 팀장이라도 초조함을 감출 수 없었다.

"이거 큰일입니다. 이제 내일이면 컨벤션도 끝나는데, 아무런 호응이 없으니 회사에 뭐라고 보고해야 할지 난감하네요."

미주 영업팀장이 어쩔 줄 몰라했다. 강 팀장은 끝까지 최선을 다해보는 수밖에 없다는 말로 미주 팀장을 위로했다.

전시회 나흘째 날이었다. 두 사람은 부스 오픈 30분 전에 도착하여 마지막 결전을 준비했다. 정리를 끝내고 한숨을 돌리는데 한 노 신사가 부스 앞을 서성이는 것이 보였다. 그는 현악기 도매의 큰손 호프만이었다.

"안녕하세요? 호프만 대표님. 첫날 다녀가셨는데 오늘 또 오셨군요. 반갑습니다."

"실은 월요일에 많이 놀랐습니다. 스트라디바리와 동일한 스케일에 수제바이올린 제작과 같은 기법으로 만든 귀사의 신제품에 내심 큰 충격을 받았어요. 그런데 가격을 보니 저가 보급형 악기와 동일한 수준이라 도저히 믿어지질 않더군요. 혹 실례가 되지 않는다면, 제가 귀사를 한번 방문해서 공장을 살펴볼 수 있을까요?"

두 팀장은 마음을 진정시키며 신중하게 대응했다.

"공장을 방문해서 협의해주신다면 저희 제품을 더욱 정확히 파악하실 수 있고, 저희도 바이어의 요구사항을 잘 알 수 있을 것입니다. 적극 환영합니다."

"1차로 주문을 넣게 되면 5천 대 가량이 필요한데 생산 시설이 과연 제대로 구축되어 있는지 확인해보고 싶군요. 2주 후에 방문이 가능한지 타진해보고 싶어 들렀습니다."

강 팀장은 호프만의 표정에서 강한 의지를 읽었다.

~

이사진과 대주주들은 크게 반발했다. 사장이 제안한 신공법 프로젝트가 비록 한 도매상에게 호평을 받았을지는 모르나, 원래 계획했던 중국 이전 프로젝트와 맞바꿀 만한 가치가 있는가에 대해서는 누구도 장담하기 어려웠기 때문이다. 긴급 이사회 겸 대주주 연석회의가 마련되었다. 회사의 방향을 놓고 격렬한 토론이 벌어졌다.

"여러 주주님들과 이사 여러분. 지금 회사는 중대한 변화의 시점에 있습니다. 회생의 유일한 돌파구로 판단했던 중국 이전 프로젝트보다 훨씬 빠르게 회사를 살릴 수 있을 뿐 아니라 장기적 관점에서 훨씬 유익한 해결책이 직원들에 의해 발견되었습니다. 물론 상당한 모험정신이 필요한 일입니다. 그러나 저는 신공법을 통한 새로운 전략이 지금 우리 모두를 살리는 길이라고 확신합니다."

전에 없이 강한 사장의 어투에 대주주들은 움찔했다. 그러나 이 상무가 일어나 발언을 시작하자 분위기가 반전되었다. 이번에는 이 상무가 총대를 메기로 한 모양이었다.

"기업의 존재 의의는 이윤 창출입니다. 급변하는 환경 가운데서 살아남기 위해서는 다양한 직원들의 의견수렴도 중요하고 장기적 이익도 중요하겠지만, 지금 현재 이 난관을 어떻게 돌파할 것인지가 더 급하고 중요한 일입니다. 회사는 오랜 시간 고심 끝에 중국 이전을 결정했고, 상당한 부담을 안으면서 구조조정까지 단행한 상황입니다. 그 이유는 누가 부연하지 않아도 모두가 잘 알고 있는 사실입니다. 회사의 존립 때문입니다. 40퍼센트나 되는 제 살을 깎아내면서까지 혁신을 추구한 이유는 이렇게 우왕좌왕하면서 시간을 낭비하기 위해서가 아니었습니다. 회사가 생존하고 경쟁력을 확보하기 위해서는 버릴 것은 과감하게 버리고, 우선순위를 정확하게 판단해서 강력하게 추진하는 방법밖에는 없습니다. 전사적으로 일사불란하게 추진해도 어려운 이 시점에 혼란을 야기할 수 있는 신공법의 적용은 자칫 회사를 붕괴시킬지도 모를 위험이 있습니다."

이 상무는 지금껏 보기 어려웠던 강경한 태도로 사장과 정면으로 대립하고 나섰다. 주주들의 표정이 한결 밝아지기 시작했다.

그러나 사장 역시 만만치 않게 자신의 논리를 펴나갔다.

"저 역시 이사분들의 염려와 주주님들이 걱정하시는 것 이상으로 회사의 미래를 염려하며 노심초사하고 있습니다. 그러나 제가 지금 시점에서 확신을 가지고 신공법 프로젝트를 강력하게 추진해야 하겠다고 생각한 이유는 지난 한 달 동안 회사에서 일어난 기적에 가까운 일들을 보면서 느껴지는 바가 있기 때문이었습니다."

"기적을 바라는 건 너무 위험합니다."

누군가 주주석에서 소리쳤다. 하지만 사장은 개의치 않고 말을 이었다.

"그동안 우리회사는 수직적 의사소통 구조를 갖고 있었습니다. 위에서 결정하면 아래에서는 따라야만 하는 위계 중심의 조직이었지요. 당연히 성과를 낼 수 있었습니다. 경영진의 판단에 따른 강력한 실행방침을 하부조직들이 순순히 따라와 주었기 때문이었지요. 그러나 급변하는 시장환경과 기술의 발전은 이런 전통적인 의사소통 구조만으로는 더 이상 생존이 보장되지 않는다는 것을 깨닫게 해주었습니다."

"원론적인 얘기는 그만하세요."

몇 사람이 수군거렸다. 사외이사를 겸하고 있는 대주주가 발언권을 얻어 일어섰다.

"대표이사께서는 위계적인 의사소통 구조를 구시대의 유물쯤으로 생각하시는 모양이군요. 그건 아주 위험한 판단으로 보입니다. 저는 위계 구조가 조직의 자원을 효과적으로 결집하여 실행에 옮길 수 있는 좋은 전략이라고 봅니다. 더구나 조직이 위기에 처했을 때야 말로 힘을 발휘하는 것이 전통적인 조직 체계가 아닐까요? 신공법의 기술적 가능성은 잘 모르겠습니다만, 대표이사의 그러한 견해에는 동의하기 어렵습니다."

여러 참석자들이 대주주의 발언에 공감을 표했다. 이 상무 역시 득의양양한 미소를 지으며 좌중을 둘러보았다. 사장은 조금 주춤하는 듯했지만 발언을 이어 나갔다.

"물론 저도 위계적 의사소통 방식 자체를 부인하는 것은 아닙니다. 다만, 제가 말씀 드리고 싶은 것은 변화의 시기에 생존하고 성장하려면 조직의 어느 위치에 있든 상관없이 모두가 귀를 열어 놓고 배워야 한다는 사실입니다. 좀더 정확히 말하자면 조직의 상부에 있는 사람들일수록 더욱 그래야 한다는 것입니다. 우리가 끊임없이 배우고 적응하지 않는다면, 변화하는 세계에서는 생존조차 어려울 것입니다. 이제는 인정해야 합니다. 상층의 몇 사람이 모든 것을 장악하고 지휘하는 조직은 변화에 뒤처질 수밖에 없다는 사실을 말입니다. 고백하자면 저 역시 계층적인 조직에 물들어 있는 사람입니다. 그리고 저를 포함해서 정보와 자원을 쥐고 있는 상부의 일방적인 의사결정이 지금의 위기를 초래했을

지 모른다는 것입니다."

"그러니까 책임을 지고 물러나세요."

주주 몇 사람이 웅성거렸지만 사회자가 자제시켰다.

"사장님 말씀이 아직 끝나지 않았습니다. 조용히 해주시기 바랍니다."

"이번에 발견된 신공법도 사실은 몇 년 전부터 우리회사 내부에서 싹트고 있었던 일입니다. 만일 우리가 좀더 수평적이고 투명한 조직문화를 갖고 있었다면 이 기술은 진작에 장려되고, 발전되었을 중대 사안입니다. 조직의 내부에 이런 독보적인 아이디어와 기술이 잠자고 있었다는 것은 위계적이고 수직적인 조직문화가 근본적인 한계에 도달했다는 증거이기도 합니다. 문제 해결을 위해 3팀 내부에서 벌어진 과정 역시 저에게는 충격적인 것이었습니다. 과연 그런 놀라운 상승작용이 상명하달의 문화에서 가능한 것이었을까 의심스럽습니다. 팀 내부의 수준 높은 의사소통 역량이 서로 간에 커다란 공감을 일으켰고, 그 결과 우레탄 소재의 몰드를 찾아내는 멋진 결실로 나타난 것입니다."

여기저기 좌석에서 웅성거리던 소음이 어느새 잠잠해졌다. 사장은 자신을 가지고 좌중을 설득해나가기 시작했다.

"저는 앞으로 우리회사가 이런 조직문화로 탈바꿈하지 않으면 지속 가능한 성과를 창출하기 어려우며, 조만간 다시 한계에 봉착할 것으로 예상합니다. 단지 중국으로 공장을 옮겨 원가를 절감하고 가격 경쟁력만을 갖춘다고 해서 회사의 장래가 보장되는 것은 아니라는 겁니다. 단지 신공법 자체가 중요한 것이 아니라, 회사 내부에서 자생적으로 이런 놀라운 조직문화가 싹 틔워졌다는 것이 저는 우리회사의 미래를 아주 밝게 해주는 작은 기적이라고 생각합니다. 그 기적의 싹을 줄기와 열매까지 보호하고 성장시켜 나가는 것이 제 사명이라고 생각합니다."

사장의 위엄에 찬 목소리에 이사와 주주들은 모두 숙연해질 수밖에 없었다. 그때 이 상무 옆자리에서 묵묵히 듣고 있던 주요 주주 한 사람이 발언권을 얻어 일어섰다.

"대표이사의 말씀에도 일리가 있다고 생각합니다. 그러나 빛의 속도로 변화하는 시장환경에서 그러한 수평적 의사소통 방식이 얼마나 경쟁력을 가질지는 확신이 서질 않습니다. 경쟁에는 양보가 없습니다. 선의의 배려도 기대해서는 안 된다는 점을 잊지 마시기 바랍니다. 경쟁사의 속도와 효율, 그리고 물량에 맞설 최선의 전략이 될지 의구심을 버릴 수 없습니다."

회의장이 물을 끼얹은 듯 조용해졌다. 침묵을 깬 것은 사장의 마지막 소신 표명이었다.

"조언 감사합니다. 이 자리에서 여러분께 확신을 드리지 못하는 것은 저의 부덕입니다. 이번 신공법을 통한 회사의 재기에 저의 모든 것을 걸겠습니다. 내년 상반기까지 가시적인 성과를 이루어 내지 못할 경우 대표이사직을 자진 사임하도록 하겠습니다. 그때까지 저에게 시간을 주시기 바랍니다."

회사는 즉시 비상근무 체제로 바뀌었다. 사장이 결국 이사진과 대주주들을 설득하는 데 성공했던 것이다.

"3팀장이 귀국하는 즉시 월 1만 대를 생산할 수 있는 라인을 설치하세요."

월 1만 대라면 실로 엄청난 생산 규모였다. 하루에 3백 대 이상의 바이올린을 만들 수 있는 정도이다. 수제현악기 제조팀도 생산라인 설치 작업에 긴급 투입되었다. 귀국한 강 팀장이 신규라인 설치를 총지휘 감독했고 카브드 공법에 익숙한 3팀의 멤버들이 분야별로 책임을 맡고 공장 세팅에 들어갔다.

"공간을 확보하기 위해서는 기존의 저가 프레스 공법 라인을 모두 철거한다고 해도 부족합니다. 더구나 넥과 스크롤 작업을 위해 기계도 들여야 하고요. 2주 동안 이런 방대한 규모의 생산라인을 설치한다는 것은 불가능에 가깝습니다."

공장장의 하소연이었다. 그러자 사장은 아예 강원도로 내려와 모든 과정을 진두지휘했다. 강 팀장은 천군만마를 얻은 듯했고 일은 거침없이 진행되었다. 안 본부장은 우유부단하던 사장의 변화에 놀라는 눈치였다. 이 상무와 사장이 공개적으로 충돌한 일 때문에 마음이 불편했지만, 겉으로는 전혀 내색하지 않았다.

"현재 수제현악기 제조팀들이 사용하는 세 개의 작업실을 모두 신규라인 설치하는 공간으로 개조하도록 하십시오."

사장의 특명이 떨어지자 이토벤이 작업하던 공간 역시 넥과 스크롤 장비가 들어왔고, 이토벤이 더 이상 개인 작업을 할 수 없게 되었다. 그렇다고 회사의 생산라인 설치 작업에 끼어들 수도 없는 처지였다.

"아하, 그거 참 걱정이네. 우리 이토벤 선생의 작업을 어떻게 한다?"

공명통이 걱정스럽게 이토벤을 바라봤다.

회사의 핵심인재로 순식간에 발돋움한 강 팀장 역시 이토벤의 난처한 입장을 지켜볼 수밖에 없었다. 24시간 숨쉴 틈 없이 풀가동하고 있는 공장 확충 현장에서 이토벤의 개인 형편을 고려해줄 만한 여지는 사실 어디에도 없었다.

고민하던 강 팀장이 이토벤에게 제안했다.

"생산라인이 완공될 때까지는 우선 숙소의 작업실에서 혼자 사운드박스를 만드시기 바랍니다. 제가 어깨너머로 살펴본 바로는 꽤 익숙해진 단계까지 발전하셨으니, 이제 나머지 작업들은 그렇게 어렵지 않으실 겁니다. 공장이 완공되고 5천 대 초기 납품까지는 회사가 정신 없을 거예요. 한숨 돌리고 나면 수제팀도 다시 가동될 것 같으니, 그때 제대로 된 작업실을 다시 구축하도록 하겠습니다."

"그때까지 얼마나 걸릴까요?"

"한 두어 달 걸릴 것 같아요."

대답을 해놓고 보니 강 팀장도 난감한 기분이 들었다. 두 달이라면 이토벤에게는 너무나 긴 시간일 것이다. 강 팀장도 그 사정을 짐작하고 있었다.

이토벤은 뭐라 할 말이 없었다. 사운드박스 작업의 감각은 어느 정도 익혔고, 남은 작업 과정들이 음색에는 큰 영향을 주지는 않는다 하더라도 혼자서 배워 나가기에는 쉽지 않은 단계가 있음을 알기 때문이다. 누군가가 옆에서 이끌어주고 하나씩 익혀나가야 하는데, 혼자서 작업해야 한다는 것은 심각한 장애물이었다.

"우선 힘닿는 대로 제가 스스로 헤쳐 나가 보도록 하겠습니다. 저…… 그런데 앞으로 남은 작업들이 저 혼자서 할 수 있는 일인가요?"

"물론 혼자서 그 과정들을 익히는 것은 불가능할 겁니다. 그러니 일단 사운드박스의 완성도를 높이는 데 집중하고 계세요. 빠른 시일 내에 작업실이 복구되도록 노력할게요."

이토벤은 막막하기만 했다. 답답한 마음에 작업실을 나와 눈 덮인 공장 앞마당을 걸었다. 모두들 회사의 눈부신 재도약 기회를 잡기 위해 바빠졌다. 그의 바이올린에는 관심을 나누어줄 여유가 없어 보였다. 뼛속 깊은 곳까지 한기가 스며들었다.

'여기서 주저앉는 것인가.'

호프만이 다녀간 날, 회사 팩스에는 호주의 악기유통 에이전시에서 1천 대, 미국의 또 다른 도매상에서 5백 대의 주문 요청이 거의 동시에 들어왔다. 미국 현악기 도매의 큰손 호프만이 움직였다는 소문이 업계에 퍼지기 시작한 결과였다. 이들은 모두 GI 컨벤션에서 카브드 공법으로 만든 바이올린을 검토했던 업체들이었다.

"이번 주 중에 해외영업팀을 모두 미국으로 파견하기 바랍니다."

미국 도매상들을 공략하기 위한 사장의 특명이 떨어졌다. 미국은 초등학교 이상의 교육과정에서 대다수 바이올린을 기본적으로 가르치고 있기 때문에 저가 보급형 악기의 시장규모가 상상을 초월했다. 연간 1백만 대 이상의 신규 수요가 창출되는 큰 시장이고, 유럽과 호주, 일본 등까지 진출한다면 회사의 회생은 물론 기업가치도 급반등할 수 있기에 모두들 흥분했다.

긴급 이사회가 다시 열렸다. 1차적으로 처리해야 할 5천 대의 주문과 호주, 미국의 재주문은 현재의 인력을 풀가동하면 그럭저럭 어떻게든 감당할 수 있겠지만, 미국으로 급파된 영업팀이 군소 도매상으로부터 수주를 받기 시작하면 생산 인력 수급에 커다란 차질을 빚을 것이 확실했다. 월 1만대의 라인을 돌리기 위해서는 최소한 150명 이상의 인력을 충원하는 일이 급선무였다.

"지난번에 명예퇴직했던 직원들과 정리해고자들을 다시 복귀하도록 하는 것이 어떨까요?"

임원 중의 한 사람이 제안했다.

"아무리 급한 상황이기는 하지만, 새 술은 새 부대에 담으라고 하지 않습니까? 이미 회사에 좋지 않은 감정을 갖고 있을 것이 뻔한 과거의 인력들을 다시 부르는 것은 회사의 미래를 위해 그다지 좋지 않을 것 같습니다."

이 상무가 부드럽게 그러나 단호한 음성으로 반박했다.

"회사의 입장에서는 지난 구조조정 때 상당한 예우와 대접을 해주었습니다. 아마도 회사에 반감을 갖고 있는 사람들은 몇 되지 않을 것으로 생각합니다. 그들에게 먼저 기회를 주는 것이 도의적으로도 옳은 일이라 생각됩니다."

기획실을 새로 맡은 박 이사가 이 상무의 의견에 맞대응을 했다. 잠자코 듣고만 있던 사장이 시원한 해결책을 제시했다.

"다음 달 2월 10일이 우리회사 창립 20주년 기념일이 됩니다. 미국으로 보낸 5천 대가 곧 도착할 것이고, 미주 영업팀이 도매상들을 공략할 것입니다. 그러면 1월 한 달의 조정기를 거쳐 2월부터는 본격적으로 생산라인을 가동해야 할 거예요."

"창립 20주년 기념행사를요?"

박 이사가 사장의 말에 추임새를 넣었다.

"그렇습니다. 지금 추세라면 20주년 기념행사를 최대한 성대하게 치러야 할 것입니다. 본부의 기획팀과 홍보팀이 해체된 마당이라, 양 대리가 우선 임시 기획팀을 구성해 준비해주시기 바랍니다. 이 행사에 명예퇴직자와 정리해고자들을 모두 초청하세요. 초청에 응한 분들은 회사의 재건에 의지가 있는 것으로 간주하고 다시 채용하도록 하겠습니다."

이틀 후 양 대리가 그동안 준비한 창립기념 프로그램을 임원들에게 설명했다.

"좌석이 8백 석 정도 되는데, 직원들과 가족, 퇴직자 중 복귀자와 가족들을 포함하면 좌석이 약간 모자랄 수도 있습니다."

"복귀자가 적을 경우에는 좌석이 많이 비어 썰렁할 수도 있지 않나요?"

이 상무가 조심스럽게 물었다.

"예, 하지만 복귀자가 많을 경우를 대비하는 것이 좋을 것 같아서."

"그래요. 잘했어요. 그날 자리를 가득 채워 봅시다."

사장이 쉽게 결론을 내려주었다.

"그날 프로그램은 어떻게 되나요?"

"예. 단원 모두가 본사의 수제악기와 카브드 공법 바이올린으로 연주하는 기념 콘서트가 있을 예정입니다. 오케스트라는 일정들이 모두 잡혀 있어서 섭외하기가 쉽지 않았습니다만, 다행스럽게도 시립교향악단 중 한 곳과 일정이 맞아서 성사되었습니다."

"그런 프로들의 연주도 좋지만, 뭔가 회사 내부에서도 의미 있는 출연자가 필요하지 않을까요?"

사장의 지적에 모두들 고개를 끄덕이며 공감을 표했다.

"예, 맞습니다. 기획회의에서도 그런 의견이 많이 나왔습니다. 그래서 두 가지 특별 행사를 준비했습니다."

모두들 양 대리의 발표를 기대했다.

"첫째는 사내 직원들로 구성된 실내악단을 편성해 특별 코너를 맡겨볼까 합니다. 특히 이번 신제품 출시에 커다란 공을 세운 3팀장님의 바이올린 연주 솜씨가 보통이 아니라는 설이 있습니다. 이번 기회에 모두에게 공개할 예정입니다."

좌중에서 웃음이 터져나왔다.

"두 번째는 직원 가족 중에서 의미 있는 연주자 한 사람을 초청하려 합니다. 현재 3팀과 함께 공장에서 바이올린 제작법을 배우고 있는 이청 과장입니다."

"아니. 이 과장도 연주할 줄 안다 말인가요?"

이 상무가 정색을 하며 물었다.

"아, 그건 아닙니다. 이 과장은 몸 상태도 좋지 않고 연주는 할 수 없는 것으로 알고 있습니다. 이 과장에게 아들이 하나 있는데 소통에는 약간 장애가 있지만 바이올린 연주 실력은 상당한 수준이라고 합니다. 이번 행사의 중요한 목적 중 하나가 퇴직자들의 복귀의사를 확인하고 그들을 환영하는 데 있다면, 장애를 극복하고 있는 이현 군의 연주가 의미 깊을 것입니다."

사장은 주위를 둘러보며 의견을 구했다. 모두들 잠시 어색하게 서로의 표정을 살피는데 이 상무가 박수를 치기 시작했다. 이내 한두 사람씩 박수에 동참하기 시작했다.

연일 기획실에서는 책임과 권한을 하부로 이양하는 조치들이 발표되었고 현업 부서에서는 곧바로 이행되었다. 약간의 불협화음도 있었지만 어느 때보다도 회사의 조직이 왕성하게 돌아가기 시작했다.

3팀에서 소리 없이 시작된 '마음의 소리 듣기' 활동은 기획실에서 회사 전체의 교육프로그램으로 개발되었다. 직원 전체를 대상으로 확산되면서 프로그램 이름이 〈경청 운동〉으로 정해졌다. 물론 프로그램의 중요 내용은 3팀 멤버들과 이토벤이 경험한 것들을 체계화하고 응용한 것이었다.

직원들이 현장에서 쉽게 활용할 '경청을 실천하기 위한 다섯 가지 행동 가이드'도 만들어졌다. 〈경청 운동〉은 카브드 공법의 신제품이 히트를 치고, 창립 20주년 기념 축제가 준비되는 동안 전사로 조용하지만 빠르게 번져 나갔다.

경 · 청 · 운 · 동

경청을 실천하기 위한 다섯 가지 행동 가이드

1. 공감을 준비하자

대화를 시작할 때는 먼저 나의 마음속에 있는 판단과 선입견, 충고하고 싶은 생각들을 모두 다 비워내자. 그냥 들어주자. 사운드박스가 텅 비어 있듯, 텅 빈 마음을 준비하여 상대방과 나 사이에 아름다운 공명이 생기도록 준비하자.

2. 상대를 인정하자

상대방의 말과 행동에 잘 집중하여 상대방이 얼마나 소중한 존재인지를 인정하자. 상대를 완전한 인격체로 인정해야 진정한 마음의 소리가 들린다. 자녀든 부하 직원이든 상사든 한 인격체로 상대방을 인정하고 대화를 시작하자.

3. 말하기를 절제하자

말을 배우는 데는 2년 걸리지만, 침묵을 배우는 데는 60년이 걸린다고 한다. 누구나 듣기보다 말하기를 좋아하는 이유는 상대를 이해하기 전에 내가 먼저 이해 받고 싶은 욕구가 앞서기 때문이다. 이해 받으려면 내가 먼저 상대에게 귀 기울여야 한다. 먼저 이해하고 다음에 이해 받으라. 말하기를 절제하고, 먼저 상대에게 귀 기울여 주자.

4. 겸손하게 이해하자

겸손하면 들을 수 있고, 교만하면 들을 수 없다. 상대가 내 생각과 다른 말을 해도 들어줄 줄 아는 자세가 가장 중요하다. 경청의 대가는 상대의 감정에 겸손하게 공감하며 듣는 사람이다. 사람들이 원하는 것은 자기 말을 진정으로 들어주고 자기를 존중해주며 이해해주는 것이다. 항상 겸손한 자세로 상대를 이해하자.

5. 온몸으로 응답하자

경청은 귀로만 하는 것이 아니다. 눈으로도 하고, 입으로도 하고, 손으로도 하는 것이다. 상대의 말에 귀 기울이고 있음을 계속 표현하라. 몸짓과 눈빛으로 반응을 보이라. 상대에게 진정으로 귀 기울이고 있다는 신호를 온몸으로 보내자.

진정한 이해

즉시 미국에 전화를 걸어 면담을 요청했다.
일단 만나서 상태를 점검해 보자는 사장의 부탁에
호프만은 하루의 말미를 주었다.

공장에서 밀려나다시피 한 이토벤은 강 팀장의 개인 작업실을 이용하며 사운드박스를 완성해나가고 있었다. 급하게 6천 5백 대의 주문을 소화해내기 위해서 강 팀장은 하루에 서너 시간밖에 잠잘 시간이 없었다. 공장에서 새우잠을 자는 날이 많았기에 이토벤의 작업에 대해 관심을 가질 정신적, 시간적 여유가 없었다. 이토벤은 날이 갈수록 현저하게 체력이 저하되었다. 게다가 빈번해지는 어지럼 증세 때문에 작업 진도는 거북이걸음이었다.

다행히 미국으로 5천 대 선적이 완료되면서 이토벤은 다시 공장으로 돌아올 수 있게 되었다. 회사에서 임시 조립식 건물로 수제팀 작업실 세 칸을 마련해준 덕분이었다.

"이야! 이토벤 선생. 정말 보고 싶었어요. 우리는 그가 만날 밤샘에 또 밤샘. 정말 몸 많이 축났소."

공명통이 신바람이 나서 이토벤을 환영해주었다. 모두들 몇 년 만에 만나는 친구처럼 반갑게 맞아 주었다.

"어라? 그런데 그동안 작업한 건 다 어디다 팔아먹었어요?"

공명통의 재촉에 이토벤은 앞판 작업한 것 두 개를 내밀었다.

"어? 그 오랜 기간 동안 겨우 이것밖에 못 했다고요? 한 달 동안? 허, 우리가 없으니 이토벤 선생도 김이 빠져 버렸나 보네?"

곁에서 안쓰럽게 지켜보던 스노우퀸이 위로의 말로 거들었다.

"이토벤 선생님 안색이 많이 안 좋으세요. 몸이 많이 힘드신가 봐요. 어쩌죠?"

얼마 전부터는 아내가 가져다 주는 진통제도 효과가 떨어지고 있었다. 아내는 계속 서울로 가서 응급조치를 받고 다시 오자고 하지만, 이토벤은 한번 돌아가면 다시 올 수 없을 것만 같아 고집을 부리고 있었다. 이토벤은 온 힘을 다해 겨우 버티고 있는 것이었다.

양 대리의 얼굴이 갑자기 하얗게 변했다. 미국에서 들어온 팩스가 원인이었다. 급하게 사장실로 뛰어 들어갔다.

"5천 대. 전량을 반품하겠다고?"

팩스를 수십 번 다시 훑어 보았지만, 공문의 표현은 냉담하기 그지없었다.

귀사에서 납품한 바이올린은 치명적인 결함이 발견되어 판매가 어려운 상태입니다. 전량 반품 조치하겠습니다.

호프만

즉시 미국에 전화를 걸어 면담을 요청했다. 일단 만나서 상태를 점검해보자는 사장의 부탁에 호프만은 하루의 말미를 주었다. 사장과 양 대리, 3팀장은 마지막 비행기로 호프만이 있는 캘리포니아로 날아갔다. 호프만은 단호했다.

"지판을 자세히 살펴보시기 바랍니다."

"지…… 지판이라고요?"

바이올린 지판은 넥에 연결되어 있어 연주자들이 정확한 음을 짚기 위해서는 말굽 모양으로 미세하게 굽어져 있어야 한다. 어찌된 영문인지, 지판이 전혀 가공되지 않은 채 꼿꼿한 상태로 조립되어 있었다.

"지판이 불량입니다. 어떻게 하시겠습니까?"

사장은 새하얗다 못해 얼굴이 퍼렇게 질렸다. 무어라 변명의 여지가 없었다. 카브드 공법의 생산라인에 정신을 온통 집중한 나머지 170여 개의 바이올린 제작 공정상 반드시 점검해야 할 지판의 미세 가공이 확인되지 않은 채 조립되어 납품된 것이다.

호프만은 흥분해 있었다. 이번 납품이 결렬되면 자신에게도 막대한 타격이 예상되기 때문이었다. 소매상들에게 봄 시즌에 대비하여 납품하려던 계획이 틀어지는 것이다. 문제는 다른 제품으로 대체할 시간적 여유가 없다는 것이고 그로 인해 엄청난 불신을 초래하게 된다. 그럼에도 불구하고 호프만은 무조건 반품을 요구하고 있었다.

"호프만 대표님. 하루만 시간의 여유를 주세요. 긴급 대책회의를 가진 후에 내일 다시 찾아 뵙도록 하겠습니다."

"딱 하루밖에는 시간을 드릴 수 없습니다."

앞판을 보고 공명통의 표정이 환해졌다.

"그럴 줄 알았어! 벌써 터득해버렸군. 이토벤 선생, 정말 보통 솜씨가 아닙니다."

"정말이십니까? 이번에는 통과인가요?"

믿기 어려웠다. 이토벤은 빼앗듯이 앞판을 낚아채 가슴에 품었다.

"잘했어요. 이제 바이올린 제작에서 제일 중요한 사운드박스를 다 마스터했으니까, 80퍼센트 이상은 배운 겁니다."

"이제 남은 작업은 넥과 스크롤, 지판, 페그박스, 브릿지. 마지막으로 바니시."

황독사가 작업 리스트를 줄줄 얘기했다.

"나머지 작업들도 다 중요하기는 하지만, 정말 큰 고비는 넘기셨군요. 음색에 영향을 주는 것은 브릿지와 칠 정도니까요. 어찌 보면 몸통은 다 만든 셈이고 이젠 예쁘게 꾸미는 일만 남은 거죠."

스노우퀸이 뿌듯한 표정으로 이토벤에게 설명하는데, 이토벤의 표정이 이상해지면서 손을 휘저어 의자를 더듬었다.

"왜 그러세요? 이 선생님. 이토벤 선생님!"

이토벤이 미처 의자에 앉기도 전에 바닥과 천장이 뒤집혀 버렸다. 이토벤은 작업실의 대팻밥과 나무 먼지 속으로 그대로 고꾸라졌다. 그 와중에도 앞판이 상하지 않도록 가슴에 꼭 껴안고 있었다.

심하게 흔들리는 응급용 침대에 실려 가던 이토벤이 겨우 눈을 떠 보니 팔에는 이미 링거가 꽂혀 있었다. 입에는 튜브가 끼워져 있었고, 산소호흡기를 통해 찬 공기가 계속 투입되는 중이었다. 이토벤은 구급차에 실려 서울로 긴급 이송되고 있었다.

있었고, 산소호흡기를 통해 찬 공기가 계속 투입되는 중이었다. 이토벤은 구급차에 실려 서울로 긴급 이송되고 있었다.

"호프만의 얘기를 잘 들으셨나요? 저는 그분의 마음의 소리를 듣기 위해, 저 자신이 호프만이 되려 애써 보았습니다."

사장의 입에서 뜻밖의 말이 흘러나오고 있었다. 이토벤과 단 한번도 직접 대화를 나누어 보지 않았던 사장의 입에서 몇 주전 이토벤에게 들었던 '마음의 소리'와 '상대방이 되어보는 것'에 대한 얘기가 나오다니 신기하기까지 했다.

"사장님께서 어떻게 그런 생각을……."

놀란 강 팀장에게 옆에 있던 양 대리가 업무 다이어리에 붙여진 스티커를 보여주었다. 그건 〈경청 운동〉 스티커였다.

"사실은 선대 회장님이 저에게 남긴 말씀이 있습니다. 정말 위기 상황에 닥치게 되니까 그 말씀이 떠오르더군요."

사장은 품속에서 수첩을 꺼냈다. 거기에는 명함만한 작은 카드가 들어 있었다. 강 팀장과 양 대리는 호기심이 일어 사장을 쳐다보았다.

"하나는 '듣고 있으면 내가 이득을 얻고, 말하고 있으면 남이 이득을 얻는다'라는 아라비아 속담입니다. 다른 또 하나는 '말하는 것은 지식의 영역이고, 듣는 것은 지혜의 영역이다'라는 경구입니다."

"두 말씀은 서로 뜻이 통하는 것 같습니다."

"그렇지요. 둘은 하나의 뜻을 가리키고 있습니다. '경청'의 힘을 강조하고 있는 것이죠. 선대 회장님이 저에게 주신 경영의 교훈은 바로 '경청하라'는 것이었습니다. 항상 저에게 '지도력은 웅변보다 경청에서 나온다'고 하셨습니다. 내가 그동안 등한시했었던 것인데 3팀을 통해 다시 깨닫게 되었습니다."

듣고 있던 두 사람은 저절로 고개가 끄덕여졌다. 사장은 편안한 표정으로 말을 이었다.

"내가 이해하기로, 호프만 자신의 마음의 소리는 지금 두렵다고 말하고 있습니다. 물론 우리에게 화도 나고 비난도 하고 싶겠죠. 하지만 반품을 하겠다는 강경한 입장은 실제로 반품 자체를 강행하려는 뜻이라기보다는 소매상들과의 약속을 이행하지 못해 자신의 신용이 추락할 것이 두려운 호프만의 절규인 겁니다."

"그렇다면 호프만의 두려움을 해결해주는 것이 관건이군요."

강 팀장의 머릿속에 문제 해결의 실마리가 보였다.

"호프만이 거대 도매상으로서 자신의 신용을 잃지 않도록 우리가 할 수 있는 모든 방법을 점검해봅시다. 방법이 있을 겁니다. 그 방법을 찾는다면 호프만이 반품 입장을 철회할 수도 있을 겁

니다. 하지만 우리에게는 하루밖에 시간이 없습니다. 서둘러야
합니다."

~

"3주 안에 전체를 수리할 수 있겠냐고요?"

강 팀장의 전화를 받은 황독사는 3주라는 기간에 놀란 표정을
지었다. 그러나 자신들의 노력으로 회사의 위기를 극복할 수 있
다면 3주가 아니라 1년 내내 밤을 새워서라도 수리를 해야 할 것
이었다. "그러니까, 지판 불량을 3팀 장인들이 3주간 미국에 가
서 일일이 수작업으로 다 고쳐줘야 한다 이 말씀이죠?"

"팀장님을 포함해서 우리 다섯 명이 기한 안에 완전히 수리해
야 합니다."

다른 말이 필요 없었다. 3팀 식구들은 모두 짐을 꾸리기 시작
했다.

호프만 대표를 만난 자리에서 사장은 원하는 기간 안에 아무런
비용도 받지 않고 전문가들이 직접 미국에 와서 수리를 해주겠다
는 파격적인 제안을 했다.

"제안은 감사합니다만, 확신이 서질 않는군요. 미안합니다."

사장의 말에 약간 놀란 표정이었지만 제안은 수용되지 않았다.

"3주 안에 모든 수리를 마치도록 하겠습니다. 제가 직접 기술자들과 함께 현장에서 일을 처리할 계획입니다. 작업 과정에서 발생하는 모든 비용은 저희가 부담하겠습니다."

"제가 우려하는 것은 저희 회사의 손해가 아닙니다. 이십여 년 동안 제가 업계에서 지켜왔던 신용을 잃게 된다는 점입니다. 저는 소매상이나 소비자와의 신뢰를 지키기 위해서 저희 회사의 이익을 포기할 생각입니다. 이번 분기에는 다른 유통업체의 도움을 받으려고 합니다."

사장은 절망을 느꼈다. 호프만 대표를 설득하지 못하고 이대로 돌아간다면 카브드 공법은 물론 회사의 앞날도 혼란에 빠질 것이다. 강 팀장과 양 대리는 조급한 마음으로 사장의 입만 바라보았다. 그러나 사장은 호프만 대표의 의견을 부정하거나 반박하지 않았다.

"또한 귀사의 제안이나 성의를 인정합니다. 그래서 당신을 탓하지 않습니다. 잘못은 저의 판단 실수였습니다."

설득하고 있는 사람은 오히려 호프만 쪽이었다. 호프만 대표 역시 사장의 입장을 어느 정도 짐작하고 있었기 때문이다. 호프만 대표는 자신이 악기 유통업에서 경험한 사례들, 이번에 신생업체의 카브드 공법이라는 모험을 선택한 이유, 또 현재의 입장 등을 설명했다.

"여기 강 팀장이 카브드 공법을 개발한 주역입니다."

이번에는 사장이 강 팀장을 중심으로 3팀에서 카브드 공법을 개발한 이야기를 들려주었다. 호프만 대표가 고개를 끄덕이며 관심을 보였다. 사장은 열의를 다해 설명해나갔다.

"호프만 대표님의 심정을 이해합니다. 그리고 귀사의 결정을 인정합니다. 저 역시 사업적인 이해를 떠나 귀사에 대한 의무를 완수하고자 합니다. 결과적으로 저희 제품을 구매하시지 않는다 해도 좋습니다. 다만, 제가 부탁 드리는 것은 이 사람들에게 기회를 주셨으면 하는 것입니다."

처음에는 완강하게 난색을 표하던 호프만 대표도 사장과 두 시간이 넘는 대화를 통해 결국은 마음을 열기 시작했다. 사장이 예상한대로 적극적인 경청보다 더 강한 설득은 없었던 것이다.

두 사람의 대화는 계속 이어졌다.

"요즘 세계적으로 악기 제조업계는 조급한 성과주의가 만연하고 있습니다. 장인정신을 잃어버리고 단기적인 실적에 유리한 생산체제만이 남아 있죠. 저는 유통업을 하고 있지만, 창의적 기술 개발과 투자 없이는 제조업체뿐만 아니라 시장 전체가 위축될 것이라고 생각합니다. 그런 면에서 저는 사장님과 같은 편인지도 모르겠습니다."

"개성적이고 창의적인 장인 기술자들의 희망을 꺾는 경영자가 되지 않도록 다짐을 하고 있지만, 현실은 쉽지 않습니다."

사장이 말을 마치자, 호프만이 미소를 지으며 입을 열었다.

"좋습니다. 귀사의 장인들을 믿어 보겠습니다. 그러나 저의 입장을 완전히 철회한 것은 아닙니다."

호프만 대표 역시 같은 방식으로 소매상들이 느끼는 두려움을 해결해주었다. 수리되는 대로 즉시 완제품을 제공하겠다고 호프만 대표가 직접 소매상 대표에게 약속함으로써 극적으로 타협을 보게 된 것이다.

'이 회사 사람들은 특별한 무언가가 있어. 내 마음을 잘 이해하고 있군. 내 마음에 귀 기울일 줄 아는 사람들과 일하는 것은 즐거운 법이지.'

호프만은 사장과 강 팀장, 양 대리와 긴 시간 동안 이야기하면서 오랜만에 경험해보는 대화의 몰입에 푹 빠졌다. 마음을 주고받는 대화는 신뢰를 만들어 냈다. 결국 절체절명의 위기상황이 회사의 미국시장 진출을 위한 교두보를 확보하는 커다란 기회로 전환되었다. 기적 같은 일이었다.

아름다운 마법

담당의사는 화가 난 얼굴로 이토벤을 내려다 보았다.

"앞으로 며칠이 고비입니다. 그동안은 꼼짝 말고 치료에 집중하세요. 지금은 당장 손을 써 보기도 어려운 상황이에요. 당분간 움직이지 말고 병실 내에서 절대안정을 취하세요."

이토벤은 어찌할 바를 몰랐다. 신경은 극도로 예민해져 있었다.

'현이를 위한 바이올린 부품이 공장 한 구석에서 먼지만 쌓여가고 있을 텐데, 창립 20주년 기념 연주회에 현이가 그 바이올린으로 연주하는 모습을 봐야 하는데, 그럴 수만 있다면 그걸로 족

할 텐데. 지금 내 손발을 묶고 있는 이 현실은 도대체 무엇이란 말인가.'

이토벤은 병원에서 마치 유배지에 고립되어 있는 것과 같이 외로웠다. 아들을 위해 바이올린을 만들 수 없는 상황이 그에게는 삶을 마감한 것이나 다름없게 느껴졌다. 그에게 살고자 하는 의지를 부여해준 것은 아들을 위해 바이올린을 만드는 일이었다.

은경은 연주회를 준비하는 아들을 보살피는 것을 제외하곤 나머지 모든 시간을 남편 곁에서 보냈다. 그러나 이토벤은 모든 것으로부터 마음을 정리하고 굳게 닫아버린 듯이 보였다. 마법의 자석은 사라지고 없었다. 다시 예전처럼 굳게 닫힌 단단하고 견고한 벽이 느껴졌다.

"팀장님. 이 시詩 좀 읽어보세요."

3주간의 고단한 미국 출장을 마치고 귀국하는 기내에서 스노우퀸이 말을 걸었다. 빈 좌석이 많아 편한 자세로 누워 창밖을 바라보고 있던 강 팀장이 잡지를 받았다. 그는 조용히 시를 음미했다. 거기엔 이렇게 적혀 있었다.

이야기를 들어 달라고 하면

당신은 충고를 시작하지.

나는 그런 부탁을 한 적이 없어.

이야기를 들어 달라고 하면

그런 식으로 생각하면 안 된다고 당신은 말하지

당신은 내 마음을 짓뭉개지.

이야기를 들어 달라고 하면

나 대신 문제를 해결해주려고 하지.

내가 원하는 것은 그런 것이 아니야.

들어주세요!

내가 원하는 것은 이것뿐.

아무 말 하지 않아도 돼,

아무것도 해주지 않아도 좋아.

그저 내 얘기만 들어 주면 돼.

"누구 생각나는 사람 없으세요?"

눈을 감고 조용히 명상에 잠긴 강 팀장 자리 쪽으로 스노우퀸

이 옮겨왔다.

"시를 보는 순간 이토벤 선생의 얼굴이 떠오르네요."

기대한 답을 들었다는 듯 스노우퀸이 활짝 미소를 지었다.

"맞아요. 저도 시를 읽고 난 후 내내 이토벤 선생님 생각을 했어요. 어제 양 대리님께 받은 메일로는 경과가 나빠지면 적출 수술을 받아야 한다고 해요. 수술 결과에 따라 잘못되면 생명이 위험할 수도 있다고 하던데요. 너무 마음이 아파요."

"나도 애긴 들었어요. 모두들 걱정이 많더라고. 도착하는 즉시 우리 병원부터 들르도록 합시다."

잠을 자고 있는 줄 알았던 공명통과 황독사가 어느새 뒷좌석으로 와서 둘의 애기를 듣고 있었다. 그때였다. 공명통이 갑자기 생각이 떠올랐다는 듯이 큰 소리로 말했다.

"그러면 안되죠!"

모두들 공명통의 말에 어리둥절한 표정이었다. 그러자 공명통이 웃으며 자신의 계획을 밝혔다.

"아, 나도 눈이 있는데. 기내 잡지에서 그 시 읽었어요. 그리고 내내 이토벤 선생 걱정이 되어 한숨도 못 잤다니까요. 우리 3팀 장인들이 어떻게 생각들 할까 싶어 말 못하고 망설이고 있었는데. 마침 스노우퀸이 애기 잘 꺼내셨네."

"뭔 애기를 하시는데 이리 사설이 길어요."

황독사가 짜증을 냈다.

"내 얘기는 병원에 가면 안 된다는 거예요."

~

바이올린을 완성하지 못한 이토벤의 실망감은 너무나 컸다. 은경 역시 아무런 희망도 없이 시간을 보내는 남편의 모습을 지켜보기가 힘들었다. 담당의사를 만나도 고민을 해결할 답을 주지는 못했다. 자칫 이대로 남편을 보낼지도 모른다는 두려움이 일었다. 그럴 수는 없다. 이대로 무너진다면 남편도 자신도, 무엇보다도 아들 현이도 아쉬움이 너무 클 것이었다.

무엇인가 이토벤에게 용기를 주는 자극제가 필요했다. 은경에게도 남편의 절실함이 느껴졌다. 아들 현이가 남편에게 활력소가 될 수 있겠다는 생각이 들었다. 하지만 현이를 병원에 데리고 오는 것이 꼭 남편을 즐겁게 할 거라는 자신은 없었다. 그동안은 현이에게 또 다른 아픔과 충격을 줄 수 있을 것 같아 가능하면 병원에 데려오는 것을 피해왔었다. 남편이 아들을 보고 싶어한다는 느낌은 있었다. 하지만 남편은 현이를 데려오라는 말을 하지 않았다. 은경은 갈피를 잡을 수가 없었다.

~

"똑-똑-똑-똑~~~"

베토벤은 운명이 자신의 삶을 노크하는 소리를 듣고 그 유명한 운명 교향곡의 테마를 써냈다. 이토벤의 병실 문을 노크하는 소리였다. 문이 열리고 환한 꽃다발과 함께 다섯 사람의 밝은 미소가 병실에 들어왔다. 이토벤이 문 쪽으로 고개를 돌리자 낯익은 얼굴들이 웃고 있었다. 강 팀장을 비롯한 3팀의 멤버들이었다.

"이토벤 선생님, 혼자만 여기서 편히 쉬시다니, 정말 의리 없네요. 우리는 미국 가서 엄청 고생했어요."

스노우퀸이 경쾌한 목소리로 인사를 하며 꽃다발을 안겨 주었다. 다섯 사람의 기운이 음울했던 병실의 공기를 순식간에 변화시켰다.

"고맙고 미안합니다. 여러분들께서 그렇게 많이 도와주셨는데, 바이올린을 완성하지 못했어요."

"무슨 말씀이세요. 내일이라도 다시 공장에 돌아가서 만들면 되지요. 이제 거의 다 됐으니 며칠이면 완성할 수 있어요."

황독사가 이토벤의 손을 잡으며 말했다.

"그동안 제가 사운드박스 때문에 이토벤 선생을 너무 괴롭혔죠. 미안합니다."

공명통이 이토벤에게 다가가 어깨를 안았다. 그러자 나머지 팀원들도 한 명씩 다가가 자연스럽게 포옹을 나누었다. 이토벤은 그들을 바라보는 것만으로도 자신의 심장이 다시 뛰는 것을 느낄

"사실은 네 바이올린이 아빠를 지탱해주는 힘이 되었던 거야."

수 있었다.

현이가 엄마 손을 잡고 병실에 들어선 것은 그때였다. 많은 사람들이 바라보자 현이는 어리둥절한지 엄마 쪽으로 뒷걸음질쳤다.

"현이야, 이 분들은 모두 아빠 친구분들이야. 인사해야지."

그러나 현이는 입을 다물고 가만히 서 있기만 했다.

"현이야, 그러면 아빠한테는 인사해야지."

은경이 침대에 앉아 있는 이토벤을 가리키며 말했다. 그러나 현이는 자기를 바라보고 있는 아빠한테 눈길을 주지 않았다. 사람들이 가져온 화려한 꽃다발에 관심이 쏠린 듯했다.

분위기가 어색해지려는데, 어디선가 음악 소리가 나기 시작했다. 경쾌한 트럼펫 연주곡이었다. 사람들은 모두 음악 소리가 나는 쪽을 바라보았다. 이토벤이 시디 플레이어를 튼 것이었다. 그러자 현이는 아빠의 존재를 인식한 듯했다.

"아빠……."

그 소리는 분명 현이의 목소리였다. 어느 틈에 이토벤 앞에 선 현이가 아빠를 부르고 있었다. 현이는 분명히 이토벤을 똑바로 쳐다보며 웃고 있었다.

"현아, 우리 현이가 왔구나."

이토벤은 침대에서 내려서 아이를 힘껏 안아 들었다. 아이도

싫지 않은 표정이었다. 그러고는 음악에 맞추어 몸을 흔들었다. 아이도 즐거운지 환하게 웃었다. 이토벤은 아이를 바닥에 내려놓고는 양손을 잡고 음악에 맞추어 몸을 흔들었다. 아이도 고개를 흔들며 다리를 굴렀다. 함께 둘러선 3팀 사람들이 리듬에 맞게 모두 박수를 치기 시작했다. 은경은 트럼펫 연주 음악이 귀에 익었다. 세 살 때인가 이토벤이 아이와 함께 춤을 추었던 바로 그 곡이었다.

간호사가 들어와서 말리지 않았다면 이토벤과 아이는 틀림없이 하루 종일 춤을 추었을 것이다. 이토벤이 아이 손을 놓고 침대에 걸터앉았을 때, 공명통이 꽃다발 뒤에 감추어 온 큰 상자를 꺼냈다. 상자는 악기케이스 모양이었다.

'창립기념 연주회 때 현이가 연주할 바이올린을 가져온 게로군.'

이토벤은 은경이 어제 아침에 한 말을 기억해냈다.

'양 대리님이 그러는데 회사에서 현이에게 바이올린을 선물하고 싶대요. 연주회 참가 기념으로요. 받아도 되죠?' 하고 물었었다.

공명통이 상자를 이토벤에게 건네 주었다.

"열어보세요."

뚜껑을 열자 상자 안에 든 바이올린이 보였다. 그런데 바이올린은 아직 완성되지 않은 상태였다. 상자 안에는 사운드박스 하나를 비롯하여 아직 조립되지 않은 바이올린 부품들이 칸칸이 잘 구분되어 자리잡고 있었다.

'쿵!'

심장 박동 소리만 운명의 노크 소리처럼 이토벤의 머리를 울렸다. 공명통이 사운드박스를 꺼냈다. 이어 황독사가 조그만 병과 붓을 꺼냈다. 그만의 독특한 노하우가 담긴 바니시였다. 그는 하얀 천을 깔고 도료와 붓 세트를 올려놓았다.

이들이 무슨 일을 벌이고 있는지를 깨닫는 데는 그리 오래 걸리지 않았다.

"사운드박스는 이토벤 선생님이 다 만들어 놓은 것입니다. 비행기에서 내리는 즉시 모두 공장으로 갔지요. 공명통 장인이 넥과 스크롤박스를 깎았고, 페그박스는 제가, 팀장님은 브릿지, 황장인은 지판, 이렇게 하나씩 나누어 맡아 어젯밤 하루 꼴딱 새면서 작업했어요."

스노우퀸이 웃으며 설명해주었다. 이토벤은 아무 말도 할 수 없었다. 뭐라 말을 하고 있었지만 입 밖으로 나오는 소리는 없었다.

"그리고 사운드박스 내부에 들어갈 사운드포스트하고 베이스바는 막내가 직접 붙였어요."

숨듯이 앉아 있던 막내가 쑥스럽다는 표정을 짓고 있었다. 강 팀장이 웃으며 막내의 어깨를 두드렸다.

"우리 팀이 이렇게 회생한 것은 이토벤 선생 덕분입니다. 그리고 이토벤 선생은 벌써부터 우리와 한 팀 아닙니까, 그래서 우리가 같이 바이올린을 만들 생각을 한 것입니다."

황독사가 눈을 반짝이며 말했다.

"몸이 불편하겠지만 마지막 조립과 바니시 작업은 이토벤 선생 본인이 직접 해야 합니다. 마무리는 본인의 손길로 하는 게 의미가 있을 테니까요."

강 팀장의 말에 모두들 공감하는 미소로 화답했다.

이토벤은 아들에게 한시라도 빨리 바이올린을 건네주기 위해서인지 혼신의 힘을 다해 칠을 했다. 3팀 식구들과 아들이 보는 앞에서 이토벤은 너무나 행복한 붓질을 하고 있었다. 그의 몰입 앞에서 3팀 동료들은 도와주겠다는 생각도 할 수 없었다. 마지막 붓질을 마무리하고는 온몸의 체력을 다 소진한 듯 쓰러지다시피 침대에 누웠다.

아이와 아내, 3팀 동료들도 모두 돌아간 저녁, 칠이 마르기를 기다리면서 이토벤은 아들에게 쓰는 일기를 적었다.

1월 20일

사랑하는 아들아,

오늘 너의 방문은 아빠를 참으로 행복하게 해주었어. 나는 너에게 행복을 주지 못했는데, 너는 아빠에게 최고의 기쁨이 되었구나.

얼마 전 아빠는 죽음의 문턱까지 다녀왔었다. 육체적으로도 정신적으로도. 너를 위한 바이올린을 완성하지도 못한 채 공장에서 쓰러졌지. 그런데 기적이 일어났어. 너도 보았듯이 3팀 식구들이 기적을 일으켜 방금 너의 바이올린을 완성했다.

사실은 네 바이올린이 바로 아빠를 지탱해주는 힘이 되었던 거야. 네가 아빠를 살린 거다. 아빠가 바이올린을 만든 것은, 사실은 너에게 치료제를 만들어 주려는 거였어. 비록 아빠가 세상을 떠나더라도 아빠의 영혼과 손길이 깃든 분신 같은 바이올린을 네게 남겨 주고 싶었다. 그걸로 연주를 계속한다면 언젠가는 네가 터널을 빠져 나올 것이라 확신하면서 포기하지 않았지.

머지 않은 날, 이 바이올린이 네게 드리운 어두운 그림자를 깨끗이 벗겨줄거라 믿는다. 사랑한다.

경청의 울림

창립 20주년 기념 행사는 오후 2시에 연주회가 시작되고 5시부터는 인근 호텔로 옮겨 성대한 파티로 진행될 예정이었다. 이토벤은 상태가 많이 호전된 데다가 담당의사의 특별 배려로 공연 참석이 허락되었다. 아들의 연주 모습을 볼 수 있도록 양 대리가 회사 차원에서 요청한 것도 힘이 되었다. 양 대리는 만약의 경우를 대비하여 구급차까지 대기시켜 두었다.

이토벤이 휠체어에 의지해 연주회 장소에 도착한 것은 정오 무렵이었다. 서서히 사람들이 입장하기 시작했고, 현관 입구에는 복귀하는 퇴직자들을 맞이하기 위해 사장이 직접 턱시도 차림으로 나와 있었다. 행사 전반의 운영을 맡은 양 대리는 눈코 뜰 새 없이 현장을 누비고 있고, 3팀의 가족들은 이곳저곳에서 바삐 도움의 손길들을 보태느라 분주했다.

"강 팀장. 진심으로 감사합니다."

로비 중앙에서 안 본부장이 강 팀장을 가볍게 포옹했다. 이토벤은 멀리 로비 한쪽 구석에서 휠체어를 타고 귀로 들을 수 없는 거리에서 벌어지는 대화를 눈과 마음으로 듣고 있었다.

대량 반품 사태를 해결하고 난 후, 사장은 안 본부장을 해임하고 강 팀장을 그 자리에 승진시키려 했다. 카브드 공법의 성공을 미리 알고도 시간을 지체했던 사실이 뒤늦게 드러난 데다가 이 상무와의 지나친 밀월 관계가 도마에 올랐기 때문이다.

그러나 강 팀장의 생각은 조금 달랐다. 카브드 공법으로 회사 방향이 전환될 시점부터 강 팀장은 마음에 결심한 바가 있었다. 본부장이 두려워하는 마음의 소리를 강 팀장은 들을 수 있었고 함께 살 수 있는 방법을 모색해왔던 것이다.

"사장님. 귀한 뜻은 정말 감사히 받겠습니다. 그러나 저는 본부장을 대신하고 싶은 뜻은 없습니다. 저의 꿈은 카브드 공법을 능가하는 새로운 기술을 개발하는 겁니다. 저희 팀과 함께 장인으로 남게 해주십시오."

사장은 두말 없이 강 팀장의 요구를 수용했다. 이사회에서도 기술개발 업무를 강화해야 한다는 주장이 나왔던 참이었다. 강 팀장은 신설되는 기술개발실의 실장으로 발령이 났고 공명통이 팀장으로 임명되었다.

안 본부장은 현직을 유지하게 되었다. 본부장에게도 달라진 점은 있었다. 생산 본부 차원에서 〈경청 운동〉을 도입했을 뿐만 아니라 가장 열성적으로 활동하고 있었다. 마음의 소리에 귀를 여는 법을 터득하려면 쉽지는 않겠지만 어차피 그건 각자의 몫일 것이다.

강 실장과 안 본부장의 포옹을 지켜보는 중에 현관으로 직원 가족들이 들어오는 것이 보였다. 이토벤이 아는 얼굴도 하나 둘 지나갔다. 마음 같아서는 뛰어가고 싶었지만 한 발짝도 움직일 수 없는 현실에 가슴이 터질 것만 같았다.

사장과 반갑게 악수하는 한 노인이 눈에 들어왔다. 자세히 보니 아버지였다. 몇 년 전 실버타운에 들어가신 후부터는 아버지와 왕래가 거의 없었다.

'아버지가 현이 연주를 들으러 여기까지 오셨어. 아버지!'

아버지는 휠체어에 앉은 이토벤과 은경을 발견했고, 은경이 달려가 아버지를 맞았다.

가까이서 보니 아버지는 많이 야위었다. 어느새 노인의 모습이 확연했다. 이토벤은 고개를 들 수 없었다. 호흡이 가빠지고 온갖 생각들로 머릿속은 벌집을 쑤셔놓은 듯했다. 아버지 역시 아무 말이 없었다. 다만 이토벤의 어깨에 손을 얹어 마음을 표현했다.

연주시간이 다가오자 은경은 현이를 보살피기 위해 연주자 대기실로 들어갔다. 자연스럽게 휠체어는 아버지이 몫이 되었다. 이토벤에게 아버지의 마음의 소리가 들려오기 시작했다.

'사랑하는 아들아. 미안했다. 나는 사실 어떻게 할 줄을 몰랐다. 그냥, 내 방식대로 널 사랑했고, 그 사랑을 어떻게 전해야 할지 알지 못했다.'

이토벤에게 회한이 밀려왔다. 아버지의 마음을 아프게 한 것은 바로 자신인데, 아버지가 저토록 마음 아파하는 것을 듣고 있자니 견딜 수 없었다. 아무 말 하지 않고 아버지의 손을 꽉 잡아 자신의 마음을 표현했다. 아버지 손의 떨림이 느껴졌다.

시간이 되자 연주회장은 사람들로 가득 찼다. 그럼에도 불구하고 현관에는 계속 퇴직자와 가족들이 줄지어 입장했다. 늦은 사람들은 간이의자에 앉았고, 결국은 옆 통로와 뒤편 복도에까지 서서 행사를 바라볼 수밖에 없는 상황이 되었다. 아직 단 한 소절도 연주가 시작되지 않았지만, 이미 장내는 잔잔한 흥분의 느낌이 느껴졌다. 이토벤은 아버지와 함께 자리를 잡았다.

드디어 실내조명이 서서히 어두워지고 막이 천천히 올라갔다. 환한 무대조명이 비어 있는 오케스트라 쪽을 비추기 시작하자 양 옆에서 연주자들이 나타나기 시작했다. 이어서 지휘자가 단에 등장했다. 관중석에서 박수가 쏟아졌다. 잠시 숨을 돌린 지휘자가 좌석 쪽을 향해 손짓을 하며 사장을 소개했다. 사장이 자리에서 일어나 무대로 걸어 나오는 동안에도 박수는 멈추지 않았다.

연주를 시작하기 전 사장은 짧은 연설로 창립 기념 축제의 의의를 되짚었다.

"사랑하고 존경하는 임직원과 가족 여러분. 오늘은 정말 기쁜 날입니다. 우리회사는 커다란 위기를 넘기고 미국과 유럽시장에 새로운 공법의 현악기를 보급하기 시작해서 폭발적인 반응을 얻고 있습니다. 오늘 참석해주신 모든 분들께 감사드립니다."

사장은 조금 떨리는 목소리로 말을 이었다.

"오늘의 성과는 위기 가운데서도 직원 여러분들이 서로를 존중하며, 각자 마음에 있는 진실된 소리에 귀 기울이는 아름다운 경청의 마음이 있었기에 가능했다고 생각합니다. 저는 오늘 이 음악회를 경청 음악회로 명명하고 싶습니다. 이번 신공법을 통한

획기적인 발전을 경험하면서 회사는 변화되었습니다. 더 이상 수직적인 소통 방식으로는 시장과 고객의 요구를 따라갈 수 없다는 것을 확인했습니다. 이제는 여러분 모두가 적극적으로 창의적인 아이디어를 들려주시기 바랍니다. 저를 포함하여 임직원 모두는 개개인의 목소리를 소홀히 여기지 않고 귀 기울여 경청할 것입니다. 이해와 공감을 바탕으로 여러분의 회사를 지속적으로 발전시켜 갈 것입니다."

객석에서 박수가 터져나왔다. 사장은 잠시 말을 멈추고 강당을 가득 메운 직원들과 가족들을 둘러보았다. 눈치 챈 사람은 없었지만 사장의 눈에 물기가 살짝 번지고 있었다.

"저는 며칠 전 한 통의 카드를 받았습니다. 그 카드에는 서로에게 귀를 기울이면 함께 살 수 있다는 메시지가 적혀 있었습니다. 성공하는 대부분의 사람이 다른 사람을 성공시킨 사람이고, 성공하는 조직은 다른 조직을 살리는 조직입니다. 그러한 성공은 서로에게 귀를 기울이는 데서 시작됩니다. 기업이 생존하려면 소비자나 고객뿐만 아니라 협력 업체와 직원들, 나아가서 그들의 가족까지 함께 살아야 합니다. 회사 안에서도 각 부서는 서로에게 생존의 파트너가 됩니다. 저는 지금 여기에 모인 우리 모두가 서로에게 생존의 조건이라고 생각합니다. 자신의 삶을 가능하게 해

모두를 위한 경청

*

상생 相生 하자

*

서로에게
귀 기울이는 것은
모두를 살리는
창조적 공존의 길이다.

주는 생존기반의 목소리를 경청한 집단이나 개인은 반드시 생존할 뿐만 아니라 크게 융성한다는 교훈이 있습니다. 저는 지금 이곳이 우리 회사의 새로운 상생相生 경영이 시작되는 자리가 되기를 바랍니다. 회사를 살려낸 경청 문화가 오늘 이 아름다운 연주 소리에 실려 우리회사를 넘어 전국으로 세계로 퍼져 나가기를 기대합니다. 고맙습니다."

객석에서 다시 열광적인 박수가 터져나왔다.

지휘자가 몸을 돌려 오케스트라를 향해서 지휘봉을 들었다. 차이코프스키 바이올린 협주곡의 3악장이 막 시작되려는 순간, 이토벤은 무언가가 잘못 돌아가고 있다는 것을 느꼈다.

왼쪽 손과 발끝이 저려오기 시작하더니, 그 야릇한 기운이 무릎으로, 허벅지로, 배꼽으로 가슴으로 꿈틀거리며 올라오기 시작했다. 제발 오늘만큼은 찾아오지 않기를 바랐던 불청객이 급습했던 것이다.

'제발 목 위로 올라오지 말아줘. 부탁이야. 제발 이번 한번만 도와줘. 내려가줘. 제발 부탁이야. 두 시간만 제발, 두 시간만 기다려줄 수는 없는 거야?'

이토벤은 소리 없이 절규했지만, 불청객은 냉정하기 이를 데 없었다. 이내 목을 타고 휘감아 올라오더니, 머릿속을 공격하기 시작했다. 눈앞이 하얗게 변하기 시작했다. 머릿속에서 불꽃놀이가 시작된 듯, 무언가가 펑펑 터지고 있었다. 온몸의 근육이 마치 물에 빠진 화장지처럼 풀어지기 시작했다. 아버지에게 도움을 요청할 틈도 없었다. 이토벤은 그대로 의식을 잃고 휠체어에서 굴러 떨어지고 말았다.

'……'

진행요원들의 도움으로 홀을 빠져나온 이토벤은 구급차에 실렸다. 잠시 후 이토벤은 의식을 회복했지만 여전히 몽롱한 상태였다. 눈앞이 흐려져 사물이 분명하지 않았고 귀도 먹먹한 상태라 답답했다. 곁에 있는 사람이 누군지 어렴풋이 짐작될 뿐이었다.

"아…… 아버지?"

이토벤은 아버지를 불렀다. 아버지는 아들의 손을 꽉 잡아 주었다.

"혀…… 현이의 연주는요?"

아버지는 이토벤의 왼쪽 귀에 입을 대고 말했다.

"조금 있으면 현이 차례라고 한다. 걱정하지 말거라. 현이는 잘해낼 수 있을 거다."

이토벤은 고개를 끄덕였다.

"부탁이 있어요. 아버지."

"그래 무슨 부탁이냐. 어서 말해보거라."

"현이 엄마에게 전화 좀 해주세요. 현이 연주하는 소리를 듣고

싶어요. 핸드폰으로 그 소리를 연결해달라고 해주세요……."

곁에서 지켜보고 있던 담당의사가 간호사와 의논하더니 특수하게 생긴 헤드셋을 꺼내 주었다.

"이 선생님. 이 헤드셋을 착용하세요. 그러고 아버님의 핸드폰에 연결하면 아들의 연주 소리를 들을 수 있을 겁니다."

"감사합니다. 바…… 박사님."

이토벤의 헤드셋에 핸드폰을 연결하자 소리가 흘러나오기 시작했다. 현장에 있는 아내의 핸드폰을 통해 현이의 연주 소리가 들렸다. 지난 수 개월 동안 온갖 어려움 속에서 눈물과 땀, 그리고 오직 자신의 분신을 만들어 주려는 일념으로 완성한 바로 그 바이올린의 소리였다.

즐거운 이야기나 웃음을 나눌 시간이 많지 않았던 아들이다. 함께 놀아준 기억도, 다정한 대화를 해본 기억도, 꼭 껴안아 준 기억도 만들어 주지 못한 아버지이다. 그러나 연주를 하는 이 순간만큼은 자신의 마음을 활짝 열어 아버지 이토벤에게 애정을 쏟아내고 있는 것 같았다. 아들의 연주는 이토벤의 귀를 울리고 가슴 깊이 파고들었다. 이토벤의 모든 신경은 아들이 연주하는 바이올린 선율을 따라 움직였다.

바로 그 순간 너무도 선명하게 아들의 얼굴이 그려졌다. 길지 않은 연주시간이었지만, 이토벤에게는 영원처럼 느껴졌다. 바이올린 소리는 맑았고 연주는 순수했다. 아들의 연주에 귀 기울이던 이토벤은 잠에 다시 빠져들었다. 잠든 이토벤의 얼굴에 고요한 미소가 떠올랐다.

어느새 연주가 끝나고 사람들의 우레와 같은 박수 소리가 들려오고 있었다.

앙코르

마음을 얻는 지혜

"아버지의 노트를 처음 제게 건네주신 게 언제였죠?"

"네가 중학교 1학년 입학하던 해였지."

은경은 아들의 새삼스러운 질문이 궁금했지만, 더 이상 캐묻지 않았다. 다만, 모처럼 아들을 만나게 되니 지난 세월이 머릿속에 스쳐 지나갔다.

십 년 전, 이토벤을 안타깝게 떠나보낸 은경은 아들을 훌륭하게 키워냈다. 현이의 발달장애 증세는 바이올린 연주와 음악치료를 계속하면서 회복되기 시작했고, 초등학교를 마칠 무렵이 되어서는 거의 모든 면에서 정상에 가깝거나 그 이상으로 개선되었다. 중학교를 마치던 해에는 재능을 눈여겨 본 회사의 지원으로 미국 유학을 떠나게 되었고 지금은 주목받는 바이올리니스트가 되어 활발한 연주활동을 하고 있다. 현이의 귀국 연주회는 이토벤이 근무하던 회사의 초청으로 이루어졌다. 회사는 20주년 기념 연주회 이후 매년 창립기념일마다 경청 음악회를 열어 왔다. 경청 음악회 10주년이 되는 올해, 현이가 특별 연주자로 초청을 받아 귀국한 참이었다.

"이번 귀국 연주회에는 베토벤 곡을 준비했더구나."

현은 팜플렛을 펼쳐 보이며 설명했다.

"네, 베토벤의 바이올린 소나타 5번이에요. 베토벤이 청각에 문제가 있는 상태에서 작곡한 것으로 알려져 있어요. 유서를 남길 정도로 깊은 절망 속에서 태어난 곡이지만 믿을 수 없을 만큼 희망에 찬 감성이 느껴져요. 그래서 '봄' 이라는 이름이 붙었나 봐요."

은경이 아들의 설명에 귀를 기울이며 미소를 지었다.

"어머니, 그런데 저는 이 곡을 연습할 때마다 아버지를 생각하게 되요. 아마도 아버지가 저에게 남긴 바이올린과 일기 때문인 것 같아요. 미국에서 바이올린 공부할 때, 절망감으로 힘이 들 때마다 아버지의 일기는 저에게 희망이 되었어요. 일기를 읽고 바이올린에 담긴 아버지의 뜻을 생각하면 다시 용기가 솟았어요."

"그랬구나. 사실은 나도 그랬단다. 네 아버지가 돌아가신 후 엄마는 정말 견딜 수 없을 만큼 힘이 들었어. 아빠를 원망도 많이 했고, 나 자신에 대한 후회도 많이 했지. 그런데 그때 엄마를 구원해준 것이 바로 그 일기였어."

현이가 바이올린 케이스 주머니에서 아버지의 노트를 조심스럽게 꺼냈다. 낡긴 했지만 표지가 비닐로 잘 싸여 있었다.

"이제 이 노트를 어머니께 다시 드릴게요. 어머니께서 잘 보관해주세요."

은경은 노트를 받아들고는 가슴에 품었다.

"어제 귀국 인사차 본사에 들러 사장님과 여러 분들을 뵈었는데요, 아버지 얘기를 많이 하셨어요. 사장님께서 세상을 바꾸는 힘은 달변이 아니라 경청에 있다고 하시면서 아버지가 그 계기가 되었다고 하셨어요."

"그래, 그 말에 정말 공감이 되는구나. 경청은 삶을 아름답고 행복하게 바꿔주는 것 같아. 지금 너를 보면서 네 아버지를 생각하니 더욱 그런 생각이 든다."

은경은 아들의 손을 꼭 잡고 따스한 눈길로 바라보았다.

"어머니, 경청 음악회 팜플렛을 처음 보았는데 깜짝 놀랐어요. 아버지가 노트에 기록한 중요한 메시지들이 그대로 소개되어 있

"아버지의 노트를 처음 제게 건네주신 게 언제였죠?"
"네가 중학교 1학년 입학하던 해였지."

었거든요."

현이는 낡은 노트를 다시 펼쳐 보였다. 노트의 기록이 끝난 2월 10일로 날짜가 적힌 페이지에는 이토벤의 마지막 메시지가 정리되어 있었다.

은경은 미소 띤 얼굴로 메시지에 대해 설명해주었다.

"네 아버지가 중환자실에서 마지막으로 엄마에게 남긴 것이 바로 이 구절이었어. 자신이 삶에서 깨달은 가장 귀중한 지혜라고 했지. '귀 기울여 들으면以聽 사람의 마음을 얻을 수 있다得心'는 것이었지. 네 아버지는 우리에게, 그리고 세상 모든 이들에게 들려주고 싶은 것이 바로 이 네 글자라고 하셨어. 영혼의 귀를 열어 그 마음의 소리를 들으면 상대가 누구이든지 진정으로 사랑할 수 있다고 말이야. 엄마와 현이를 진심으로 사랑한다고 말하고 조용히 눈을 감으셨지."

현이는 바이올린 케이스를 열어 아버지가 만든 바이올린을 소중히 어루만졌다.

以聽得心
이청득심

*

귀 기울여
경청하는 일은
사람의 마음을 얻는
최고의 지혜이다.

*

나를 위한 경청 | 발견發見하자
너와 나를 위한 경청 | 공감共感하자
모두를 위한 경청 | 상생相生하자

콘서트 홀은 청중으로 가득했다. 모두 숨을 죽이고 연주자가 나오기를 기다렸다. 박수와 함께 연주자가 등장했다. 청중은 연주자의 부친이 혼신을 바쳐 만든 명품바이올린을 그 아들이 연주한다는 신문기사 때문인지 연주자의 움직임에 더욱 주목하고 있었다.

소나타 형식의 알레그로 1악장은 종달새가 지저귀듯 상쾌한 바이올린 선율로 시작되었다. 이어서 계곡에서 물이 흐르듯 피아노가 바이올린과 조화를 이루며 희망에 찬 봄의 느낌을 그려냈다. 바이올린 소나타 5번은 베토벤의 청각장애가 심하던 시기의 작품임에도 어두운 정조나 불안함이 느껴지지 않는다. 오히려 사람들의 예상에 반발하듯 바이올린은 긴장감이 느껴지는 경쾌한 울림과 감미롭고 깊은 소리로 청중의 마음을 어루만졌다.

피아노가 앞으로 나가면서 바이올린이 뒤따르는 2악장은 느린 템포로 이어지며 청중을 포근함에 빠져들게 했다. 마치 물소리와 종달새의 노래 소리가 사랑의 대화를 하고 있는 것 같았다.

이어지는 짧은 3악장에서는 종달새가 하늘로 비상하듯 트리오 느낌으로 선율이 상승했다가 하강하며 역동적으로 미끄러져 나갔다. 젊은 바이올리니스트는 긴장하거나 서두르지 않고 모든 음을 어느 하나 소홀히 하지 않게 아름다운 음색으로 다듬어내고 있었다. 마지막 4악장에서는 베토벤 특유의 열정적 멜로디가 젊은 연주자를 통해 더욱 빛을 발하고 있었다. 연주는 객석과 호흡을 맞추며 점점 절정을 향해 치닫고 있었다.

그때였다.

"탕!"

팽팽한 파열음과 함께 현이의 바이올린 E선이 끊어지고 말았다. 관객들은 모두 긴장해서 무대 위의 연주자를 바라보았다. 무대 위의 피아니스트 협연자도 마찬가지였다. 모두들 당황하여 어찌할 줄 모르는 그 순간 깜짝 놀랄 일이 벌어졌다. 연주자가 바이올린을 바꾸거나 줄을 갈아 끼우지 않고 계속 연주하겠다는 신호를 보내온 것이다.

잠시 후 바이올린 연주자는 세 줄로 4악장을 연주하기 시작했다. 협연자의 연주도 곧 정상을 되찾았다. 주제의 반복이 이루어지며 연주는 점점 힘을 더해갔다. 좌절을 극복하고 생명의 봄을 노래했던 베토벤의 음악은 새롭게 살아나고 있었다. 바이올린 연주자는 이제껏 들어본 적이 없는 뜨거운 열정과 파워로 청중을 사로잡기 시작했다. 지금까지 누구도 연주한 적이 없는 방식으로 베토벤 바이올린 소나타 5번의 마지막을 새롭게 편곡하며 연주하고 있었다. 연주자 이현은 전에 누구도 들어보지 못한 완전히 새로운 음을 창조해나갔던 것이다.

청각을 잃고 침묵 속에서 명작을 만들어낸 악성 베토벤의 음악, 마찬가지로 청각에 장애가 있던 이토벤이 발달장애를 앓는 아들을 위해 만든 바이올린, 그리고 지금 그것들을 훌륭한 연주로 승화시키고 있는 연주자를 바라보며 청중은 숨을 죽였다. 객석에 앉은 은경을 비롯한 몇 사람의 눈시울이 붉어졌다. 청중은 젊은 연주자가 선사하는 놀라운 음악적 판타지에 몰입한 채 바이올린과 피아노의 격정적인 대화에 귀 기울였다.

현이는 지긋이 눈을 감은 채 신들린 듯 세 줄짜리 바이올린을 연주했다. 클라이맥스로 치고 올라가던 연주는 마침내 힘차게 셋 잇단음의 연속 마디를 강하게 그으며 마무리 되었다. 객석에서는 우레와 같은 박수가 터져나왔다. 모두들 자리에서 일어나 앙코르를 외쳤다. 환호 속에서 허리 숙여 답례를 한 연주자는 객석 천장 어딘가를 바라보았다. 그의 얼굴에는 세상에서 가장 아름다운 미소가 피어올랐다. 은경은 아들이 짓는 미소의 의미를 알 것 같았다. 아마도 천국에서 자신의 연주에 귀 기울이고 있을 아버지 이토벤의 모습을 본 것이 아니었을까.

마음을 얻는 지혜

경청

초판 1쇄 발행 2007년 5월 2일 **초판 85쇄 발행** 2025년 11월 1일

지은이 조신영·박현찬
펴낸이 최순영
기획 스토리로직

출판2 본부장 박태근
경제경영 팀장 류혜정
일러스트 김지혁

펴낸곳 ㈜위즈덤하우스 **출판등록** 2000년 5월 23일 제13-1071호
주소 서울특별시 마포구 양화로 19 합정오피스빌딩 17층
전화 02) 2179-5600 **홈페이지** www.wisdomhouse.co.kr

ⓒ 조신영·박현찬, 2007

ISBN 978-89-6086-019-3 03320